SPINOZA

GIUSEPPE RENSI

Texte et illustration de couverture : © domaine public
Edition : Culturea (Hérault, 34)
Contact : infos@culturea.fr
Retrouvez notre catalogue sur http://culturea.fr
Imprimé en Allemagne par Books on Demand
Design typographique : Derek Murphy
Layout : Reedsy (https://reedsy.com/)

Dépôt légal : janvier 2023

ISBN : 9791041845798

A Maria Giovanna

Un rinnovo d'impegno nel nome di Spinoza

La dottrina di Spinoza, dopo averla letta sui libri di lui, bisogna staccarla mentalmente da questi e dall'espressione che in essi assume, ripensarla e riviverla dentro di sé nella sua linea complessiva, richiamarsela in forma figurativa e quasi plastica alla mente. Se si ripercorrono mentalmente le linee del sistema spinoziano, se si fa sì di rappresentarselo in modo vivo e visibile, se, come avviene per la rosa di Gerico, che lasciata a sé resta raggrinzita, disseccata, scheletrica, e si allarga ed espande in meravigliosa fioritura posta nell'acqua, si lascia espandere e rifiorire quel sistema nel fluido d'uno spirito alacre, caldo, simpatizzante, e lo si contempla interiormente così in esso espanso e rifiorito; allora, da un piccolo, freddo e astruso insieme di proposizioni d'aspetto matematico, esso sboccia in una visuale magnifica e appassionante. Allora esso ci si solleva innanzi come una concezione, non solo filosoficamente, ma poeticamente affascinante e grandiosa. Allora si avverte di quale immenso poema quelle aride formule siano il rivestimento e la scorza. Allora si sente che quella sua filosofia, nella forma così impassibile e gelida, è tutta un lirico inebbriamento panico, come quello che talvolta ci prende e ci avvolge, dandoci l'impressione di essere diventati uni con la natura, nelle onde del mare sotto il sole e al vento, o tra le esalazioni e gli effluvi d'una densa foresta alpina. Allora si intuisce che un grande poeta potrebbe riprodurla in odi e un grande musicista in sinfonie.

Giuseppe Rensi

SPINOZA

Il grandioso sforzo di Spinoza è quello di guardare la realtà non con occhi umani, ma con quelli stessi della realtà se essa ne possedesse. Un realismo, la cui intrepidità non è mai stata oltrepassata; un perfetto ateismo, «merum Atheismum», come bene avevano visto i contemporanei (Ep. 42), se ci si rappresenta Dio secondo il concetto comune delle religioni, cosicché si corre rischio di equivocare profondamente nella comprensione dell'Etica se la parola «Dio» mentalmente non vi si cancella, e Johannes Clericus riferiva la voce che, in una presunta redazione originale olandese di essa, quella parola non figurava neppure e solo vi figurava la parola «Natura»; una qualche inclinazione materialistica, e (nonostante l'abituale opinione) un radicale irrazionalismo e un'ampia venatura di scetticismo: questi sono i tratti caratteristici dell'eroico pensiero spinoziano.

Non importa (e non è spiritualmente fruttuoso) esporre Spinoza storicamente. Importa esporlo secondo lo sentirebbe oggi colui nel quale il motivo spinoziano, motivo immortale, rivivesse di vita profonda ed ardente. Importa a tal uopo cercar di trasportare rapidamente in una visuale del mondo totalmente diversa da quella nostra abituale: in una visione alla cui luce questo nostro mondo multiforme, variopinto, agitato, passionale, si scolora e si immobilizza in una rigidità cristallina, ma che pure è visuale di immensa elevazione, chi sa innalzarsi alla quale, da un'altezza ancora maggiore di quella a cui solleva il più puro pensiero religioso può con senso di assoluta pace interiore abbassare lo sguardo su questo nostro mondo tumultuante senza più nessun turbamento.

Di tale natura è infatti la visuale del grandissimo pensatore ebreo del secolo XVII, che visse e morì in Olanda isolato, perseguitato, scomunicato, maledetto, eppure sereno e felice; per lungo tempo oggetto di obbrobrio e riprovazione, sinché l'atteggiamento degli spiriti verso di lui si mutò a poco a poco per giungere alla venerazione goethiana e all'adorazione di Schleiermacher e Jacobi: «misconosciuto santo Spinoza!», «grande anzi santo Benedictus!».

Da Michele de Spinoza, «marrano» portoghese, rifugiatosi con molti ebrei, in Olanda, per sottrarsi all'Inquisizione iberica, e dalla sua seconda moglie Anna Debora, Benedetto (Baruch) nasceva ad Amsterdam il 24 novembre 1632. Sotto la guida del rabbino Saul Levi Morteira (veneziano di nascita, ma d'origine tedesco), egli si avviava ad essere una speranza della Sinagoga. Ma per influsso del cartesianesimo e della cultura umanistica, apertagli dal suo professore di latino, il medico libero pensatore Francesco Van den Enden (della cui figlia Clara Maria una leggenda, falsa, narra che egli si fosse innamorato, ma vanamente perché posposto ad un rivale più ricco), egli andò a poco a poco allontanandosi dall'ortodossia ebraica, fino ad essere colpito (27 luglio 1656) dalla terribile scomunica, poc'anzi (probabilmente) inflitta a Uriel da Costa, dall'umiliazione del procedimento espiatorio spinto al suicidio. Spinoza invece si difese con un'Apologia (perduta), ma non fece alcun passo per rientrare nella sua Chiesa, né per essere ammesso in altre; e solo si accostò alle società di liberi credenti che esistevano qua e là in Olanda. Bandito (temporaneamente) da Amsterdam, a sollecitazione del rabbino, dalle autorità della città, egli per evitare persecuzioni, la cui possibilità fu poi dimostrata dal divieto inflitto dalla Corte d'Olanda nel 1674, quando, impadronitosi Guglielmo d'Orange violentemente del potere, la reazione aveva preso il sopravvento, al Trattato Teologico politico da lui pubblicato anonimo, nonché dalle barriere in cui urtò il tentativo da lui fatto nel 1675 per dare alla luce l'Etica – abbandonò Amsterdam, e, povero, guadagnandosi il pane col lavoro di ottico, rifiutata la sua quota d'eredità paterna, declinati in tutto o in parte i legati o le pensioni largitegli da amici, respinta la nomina di professore universitario a Heidelberg, perché non gli pareva sufficientemente garantita la libertà d'insegnamento, sereno e tranquillo, d'umore inalterabile, benevolo con tutti, visse successivamente a Rijnsburg, a Voorburg e finalmente all'Aja, dove il 21 febbraio 1677 morì calmo e consapevole, soggiacendo alla tisi che da tempo lo minava. E se Gilles Menage dice che il volto del defunto recava «signum reprobationis», ha ragione Hegel di osservare che, qualora fosse vero, sarebbe stata non riprovazione che egli sentiva gravare su di sé, ma riprovazione da lui impartita alle tristizie e agli errori del mondo dal quale s'era ora liberato.

La via più breve e sicura per comunicare la sua visuale è forse la seguente.

Guarda d'intorno a te, guarda le cose, guarda l'universo. Che ti presenta la realtà? Un turbine di oggetti, di mondi e di insetti, di astri e di fiori, di uomini e di minerali, innumeri forme di materia e forme di vita, gettate fuori di continuo dal seno inesausto della natura e di continuo riassorbite in esso. Un modo continuo di produzione, d'estinzione e di nuova produzione. Tutto ciò che c'è scompare. Tutto ciò che è scomparso si riproduce. La rosa che oggi ondeggia sul suo stelo, domani è sfiorita. Ma posdimani al posto di essa una nuova rosa apre i suoi petali. Queste cose che vanno e vengono, appaiono e scompaiono, non sono tutto. V'è al fondo di esse, dietro al velo che questo continuo prodursi e disfarsi, apparire e sparire delle singole cose pone sui nostri occhi, appunto il seno eterno, l'eterna matrice della natura, da cui esse continuano a scaturire, in cui sono continuamente riassorbite. V'è l'ordine eterno, le leggi eterne che determinano il prodursi, il perire, l'avvicendarsi delle singole cose. Questa eterna matrice, germe o nócciolo profondo di tutto ciò che è, o legge eterna del prodursi di tutto, è (e non le cose singole pereunti) ciò che per Spinoza costituisce l'Essere. Non si tratta d'alcunché di diverso dalla natura; ma è la stessa natura in quanto attivamente autocreante, autocreantesi; non diversa dalla natura, come la forza della pianta non è fuori e diversa dalla pianta. Eterno ordine delle cose, leggi eterne di esse, che sono nelle cose, sono le cose, pur essendo distinte da esse in quanto singole e passeggere; sono l'attività che le suscita e le tiene in essere e che in esse si circoscrive, si realizza, totalmente si versa. A questa matrice eterna della natura, che è la natura stessa in quanto autocreantesi, l'ordine o legge eterna della produzione del tutto, Spinoza dà il nome di Sostanza, Natura naturante o Dio, «Deus seu Natura» (E. IV Praef.): naturantesi in quanto creantesi, ma sempre la medesima natura sotto i due aspetti; causa eterna e conseguenza eterna in uno. Essa è dunque la «perfica rerum natura creatrix», la «natura daedala rerum», l'«omniparens, eadem rerum commune sepulcrum» di Lucrezio (II, 1116; V, 234, 259); Dio in Spinoza per la medesima licenza poetica per cui è «alma Venus» in Lucrezio.

O, in altre parole – perché c'è qualcosa invece di nulla? Forse perché un Dio ha creato le cose? No. Nessuno le ha create. Esse esistono per virtù propria, per intima forza autoproduttrice («Natura naturans», Sostanza). Ci sono perché l'Essere si è positivamente affermato. L'intrinsicità affermativa dell'Essere fa che c'è qualcosa, che ci sono le cose, invece di nulla. È la forza, l'elemento, l'«actuosa essentia» (E. II, P. 3, Sch.) per cui ci sono. Si astragga dalle cose e si ponga in sé: ecco l'Essere o la Sostanza di Spinoza. Ma non già che sia in realtà separata dalle cose, come il moto non è separato dagli oggetti che si muovono o la vita dagli esseri viventi, pure essendo, estratto dalle cose e pensato a sé benché in realtà non separato da esse, il moto ciò che fa muovere le cose e la vita ciò che fa vivere i viventi. – O, in ancor più brevi termini. Le cose sono, il mondo è. Quel sono: o meglio (C. M. I, 3°; Tr. Br. II, 16°, 2; T. T. P., VI) la vis, potentia, Werk, virtus «Essere» in grazia di cui esistono: l'«efficacité infinie» (Brunschvieg). Si capisce quindi che l'Essere (Dio) esiste necessariamente (I, prop., 11); se le cose sono come può non esservi l'Essere?

Questa vis per cui le cose esistono, che forma o dà ad esse la loro vera sostanza, cioè adunque la Sostanza spinoziana, non è quindi affatto, come risulta ovvio, cosa materiale, «materia corporea» (Ep. 73). Essa, l'Essere, è tutta in ogni cosa, indivisibile (E. I, Prop. 13); indivisibile per le medesime ragioni con cui Diderot dimostra l'indivisibilità delle qualità sensibili: «Il n'y a ni plus ni moins d'impenetrabilité. Il y a la moitié d'un corps rond, mais non la moitié de la rondeur; il y a plus ou moins de mouvement, mais il n'y a ni plus ni moins mouvement» (Entretien de D'Alembert et Diderot). Essa è il presupposto di tutte le cose, poiché tutte le cose che esistono col fatto del loro esistere la presuppongono, presuppongono l'energia affermativa Essere che in esse incarnandosi le fa esistere; e, viceversa, essa non presuppone nessuna altra cosa (E. I, Def. 3). È infinita, ché dovunque, in ogni recesso dello spazio, cui la mente non può pensare confini, l'Essere s'afferma. – Ma tanto poco è Dio, nell'accezione consuetudinaria di questa parola, che non possiede né intelletto né volontà (E. I Prop. 17 Sch., Prop. 31; Ep. 9; Tr. Br. II Cap. 24 § 2; ib. I. Cap. VII § 7), o, comunque, ciò che sarebbe in essa intelletto e volontà si diversificherebbe siffattamente da ciò che noi designiamo con questi vocaboli come il cane animale dal Cane costellazione celeste: non ci sarebbe di comune che la parola (E. I Prop. 17, Sch., Ep. 23, Ep. 54, C. M. II, cap. XI).

Infinito è l'Essere, questa vis esistenziale di tutte le cose; ed anzi assolutamente infinito (E. I, Def. 6). Poiché esplicandosi la sua infinita potenzialità nello spazio infinito, infinite devono essere le forme in cui si manifesta, le estrinsecazioni che dà di sé, ciascuna delle quali alla sua volta infinita nella sua specie (ib. Explic.). Infinite, e ignote a noi. Che cosa possiamo infatti noi sapere delle manifestazioni od estrinsecazioni che l'Essere può dare nei recessi dello spazio e cui la nostra conoscenza non arriva? Ma nella sfera a cui questa giunge, due sole sono le manifestazioni fondamentali che l'Essere dà di sé, due sole dunque tra le infinite che esso dà che siano a noi conoscibili: l'extensio e la cogitatio.

Anche qui si può far appello all'esperienza, ciò che è perfettamente conforme al metodo di Spinoza, che, estimatore di Epicuro, Democrito, Lucrezio sopra Platone, Aristotele e Socrate (Ep. 56), disdegnante le «nugas aristotelicas» (T. T. P. c. I), sostenitore della necessità «ut semper a rebus physicis, sive ab entibus realibus, omnes nostras ideas deducamus» (D. I. E. p. 36), espressamente dice che tutti i postulati da lui assunti nulla contengono che per esperienza non consti (E. II Prop. 17, Sch.). – Rivolgi lo sguardo al mondo che ti sta dinanzi e puoi conoscere. Che vi scorgi? Cose materiali, cioè estese nello spazio, e cose vive, animali; natura inanimata o materiale e natura animata: o meglio, un aspetto materiale e inanimato delle cose e della natura, e un aspetto animato di esse. E che cosa vuol dire «animato»? Non solo materialità, estensione nello spazio, essere là ed esistere soltanto per qualcuno che percepisce, ma possedere un'interiorità, un sapersi vivere, un autoavvertirsi e un avvertire. Se tali sono i due caratteri od aspetti che ci presenta il mondo che vediamo, vuol dire che nella vis che lo produce e lo regge, cioè nel fondo ultimo di esso, vi è l'energia onde scaturisce la materialità dei singoli corpi, l'essenza della quale è appunto la spazialità o l'estensione, e vi è altresì, non già il pensiero vero e proprio, ma un indefinibile fondamento primo del pensiero e delle attività psichiche in generale, ossia v'è, se così si vuol esprimersi, la necessità dell'estensione o materialità e la necessità del pensiero. Non pensiero vero e proprio, che nel fondo dell'Essere (Dio) non c'è. Come si può supporre che vi sia, se esso non può avere coscienza? Perché la coscienza implica alcunché che sia fuori di me e mi si raffronti; che non sia me. Implica quindi che chi possiede coscienza sia determinato, negato; giacché «omnis determinatio, negatio est» (Ep. 50): la cosa determinata ha confini oltre dei quali essa non c'è più, è negata. Ma l'Essere (Dio) non ha confini, non ha quindi determinazioni né negazione, è tutte le cose, nulla c'è di fuori di lui che gli si raffronti; e, esigendo la coscienza determinazione e negazione, egli dunque non ha coscienza. Non quindi pensiero vero e proprio, bensì fondamento remoto del pensiero è la cogitatio. Non pensiero esistente fuori e prima dei pensieri effettivamente prodottisi nella natura naturata (dei pensieri dei singoli uomini), precisamente come l'extensio non esiste nella Sostanza, nel fondo dell'Essere, prima e fuori dell'estensione dei singoli corpi estesi presenti in natura; bensì ciò che è presupposto dall'esistenza del pensiero effettivo («intellectus») e mediante cui la presenza di questo si spiega (E. II, Prop. 1,

Dem.); capacità, possibilità di pensiero, germe, «forza», generatrice di pensiero («intellectus»). Ma non va escluso che essa abbia per Spinoza anche un altro significato. Essa significa fors'anche la verità, puramente logica dell'universo, dell'Essere. Questa verità esiste d'un'esistenza puramente logica, come il teorema di Pitagora prima che egli lo scoprisse, o come esiste d'una esistenza puramente logica anche prima d'essere scoperta una qualunque verità di fisica o di meccanica. C'è nel fondo dell'Essere stesso, non in una coscienza o persona. C'è senza (anche senza) occhi che la vedano, menti che la pensino. Per questo l'Essere o Sostanza (Dio) – e andrebbe aggiunto: come cogitatio – è per Spinoza la verità o la verità è Dio (Tr. Br. II, cap. XV § 3); ossia la cogitatio della Sostanza o Dio è l'Essere come potrebbe esser visto dallo stesso Essere, la verità di esso che c'è se anche nessuno la apprende; la verità come possibilità o ideale esistente impersonalmente nell'Essere; la conoscibilità, non la conoscenza; l'intelligibilità non l'intelligenza. E come l'extensio nella natura naturata si sviluppa e si effonde nei singoli corpi estesi, così la cogitatio, che nella Sostanza ha un'esistenza puramente logica, nella natura naturata si sviluppa e realizza nei singoli pensieri, rappresentazioni, avvertimenti psichici, di qualsiasi grado e specie, nella somma totale dei quali essa natura integralmente si rispecchia.

Extensio e cogitatio. Queste adunque le due primordiali e fondamentali forme, forze, estrinsecazioni dell'Essere o Sostanza, a noi note (attributi). L'Essere, questo centro d'energia affermativa e positiva, che fa che c'è qualcosa, che le cose sono invece che non essere, che è lo stesso in tutte ed è l'essenza di tutte, si sviluppa e si espande in due suoi grandi aspetti o espressioni, la suscettibilità di manifestarsi esteriormente nello spazio, extensio, e quella di manifestarsi interiormente al pensiero, la suscettibilità di essere pensato, la conoscibilità, la rappresentatività (accompagnata, nella natura naturata, dalla rappresentazione effettiva), cogitatio. Non già che la Sostanza vada pensata come esistente fuori, dietro, prima di queste due sue manifestazioni. Non esiste che in esse, non è che esse (E. I Prop. 19), è ciò che le fa essere, è la loro realtà ed essenza, appunto come la vita è ciò che fa vivere il vivente, è in esso, è esso, e questa sola è la sua stessa forma di essere. – Infinite sono, veramente, le manifestazioni dell'Essere; infinite, e sconosciute a noi, tranne queste due. Nella totalità dei suoi aspetti non possiamo conoscere l'universo, quello che Lucrezio chiamava «summam summai totius omnem» (VI, 679). I due aspetti a noi noti di esso, extensio e cogitatio, sono però realmente esistenti, non «fenomeni». In essi conosciamo due aspetti veri dell'Essere.

Di tali due aspetti fondamentali tutte le singole cose transeunti e periture (modi) sono la passeggera incarnazione. Ogni singola cosa materiale è la provvisoria incorporazione di quell'eterna manifestazione dell'Essere che è l'extensio. Ogni singolo atto o centro psichico è pure la provvisoria incorporazione dell'altra eterna manifestazione dell'Essere che è la cogitatio. Quei due aspetti, eterni; queste incarnazioni di essi, transeunti ed effimere. Queste continuano a prodursi a perire, a riprodursi e ancora a perire. Su tale processo di nascere e morire, troneggiano eterne, imperiture, perennemente essenti, le due grandi manifestazioni dell'Essere, extensio e cogitatio. Aspetti, facce dell'Essere che sono indissolubilmente congiunte, non mai separate né separabili. Che è, per es., l'uomo? Non già due cose diverse, anima e corpo, messe insieme non si sa come. Ma (e lo si avverte bene guardando in noi) una cosa unica che vista esternamente è corpo, materia, vista interiormente psiche; una cosa materiale congiunta facente un tutto solo, con l'avvertimento di se stessa; un avvertimento psichico che è avvertimento d'un corpo materiale. Come le due grandi forme o manifestazioni dell'Essere sono unite nella radice di questo, sono due aspetti di questo, e questo è in essi suoi due aspetti, così sono unite in ogni singola cosa esistente e questa è quei due aspetti insieme. Non c'è psichicità senza corpo; e nemmeno corpo senza psichicità. La natura è interamente animata (E. II, Prop. 13, Sch.); anche ciò che ci pare soltanto materiale e morto, ha un'interiorità, una psichicità, per quanto elementarissima, rudimentale, appena accennata. Anche là ha luogo un'oscura forma di avvertimento di sé, una forma di quella reazione alle cose di fuori che è oscuro apprendimento di esse. Tutta la natura è permeata di questa capacità apprensiva che fa sì che in mille foggie, e, nella totalità di queste, benché non in una coscienza unitaria, completamente ed integralmente, la realtà si rispecchi, la rappresentatività diventi rappresentazione effettiva.

Infinite ed eterne, si è detto, le due grandi forme fondamentali dell'Essere, extensio e cogitatio; transeunti e contingenti le singole incarnazioni di esse, le singole cose. Ma non così che anche queste non abbiano un carattere di infinità, eternità, necessità. Come di ogni onda del mare, che va e viene, resta un momento e scompare, è ammissibile pensare che possa non esserci, ma non è ammissibile pensare che tutte le onde possano non esserci, perché allora cesserebbe di essere anche il mare; così di ogni singola cosa materiale e spirituale è lecito pensare che possa non esserci (Ep. 12), ma non già che possa non esserci la totalità delle singole cose materiali, ché allora sparirebbe anche una delle grandi estrinsecazioni dell'Essere, l'extensio, né che possa non esserci la totalità delle singole cose spirituali, ché allora non si realizzerebbe più l'altra grande estrinsecazione dell'Essere, la cogitatio: cioè l'Essere, che, per noi, soltanto in esse due estrinsecazioni è, non sarebbe, il che è assurdo (E. I, Prop. 7). Quindi l'istessa infinità e necessità che possiede la Sostanza o l'Essere, possiede anche la totalità delle singole cose materiali, ossia le due qualità essenziali a cui la meccanica, nella loro totalità, le riduce, il moto e la quiete; e possiede altresì la totalità dei singoli fatti spirituali, delle singole rappresentazioni, ossia, considerate come in concatenazione totalitaria, l'intellectus absolute infinitus. Ed ancora la medesima infinità e necessità dell'Essere, possiede l'indissolubile intreccio ed insieme dell'Essere nelle sue grandi forme, delle singole cose materiali e dei singoli fatti spirituali, il Tutto, la facies totius universi. – Questi sono quelli che Spinoza chiama modi infiniti (E. I, Prop. 21 e segg.; Ep. 64).

E dalla Sostanza nelle sue due grandi estrinsecazioni di extensio e cogitatio tutte le singole cose materiali e spirituali procedono con infrangibile e ferrea necessità (E. I, Prop. 29); non potevano esser prodotte diversamente da quel che sono (ib. Prop. 33); e il loro immutabile ordine naturale questo e nient'altro, è la «direzione di Dio» (T. T. P., C. III). Ne procedono, infatti, con una necessità ben più intima e stretta di quella del rapporto, naturale e dinamico, di causa ed effetto, come comunemente concepito. Spinoza lo concepisce invece come rapporto di consequenzialità logica. Ne procedono dunque con una necessità della medesima specie di quella per cui da una premessa deriva una conseguenza o per cui dalla natura di una figura geometrica derivano i teoremi che da essa si ricavano; «eodem modo ac ex natura trianguli ab aeterno et in aeternum sequitur, eius tres angulos aequari duobus rectis» (E. I, Prop. 17, Sch.; e v. anche II Prop. 8 Sch.). Perciò l'Essere o la Sostanza è causa immanente di tutte le cose, non transitiva (E. I, Prop. 18); le cose, cioè, a rigor di termini, non sono da esso prodotte, come se esso a un dato momento trapassasse in loro e così le producesse, ma puramente e semplicemente sono perché sono in esso o esso è in loro: così come la superficie di una lavagna (l'Essere) è la causa immanente di tutte le figure che si possono tracciare sulla lavagna e che soltanto esistono perché sono in quella superficie e quella superficie è in loro. Ma come altresì, se di tutte le figure tracciate sulla lavagna la causa immanente e prima è la superficie di questa, però la causa della forma di ogni singola figura sono le figure che la confinano, e la causa di queste ancora le figure da cui sono circoscritte e via all'infinito, così la causa di ogni cosa singola è un'altra cosa o fatto singolo e causa di questo un altro ancora e via all'infinito (E. I, Prop. 28). Sicché la causalità immanente della Sostanza od Essere rispetto a tutte le cose si accorda con la causalità transitiva delle singole cose le une rispetto alle altre.

Procedono, si disse, tutte le cose dalle due grandi forme dell'Essere con necessità logica. Questo è come dire che il rapporto causale per cui ne procedono non è temporale. Per Spinoza, infatti, il tempo non appartiene all'Essere, non è un «affectio rerum». È un nostro modo di vedere le cose (E. I, Prop. 44 Cor. e Sch., Ep. 12, C. M. I cap. IV), ai nostri occhi soltanto esse si sfilacciano lungo un tempo; ma nell'Essere o rispetto all'Essere, non c'è quando, ante, post (I, Prop., 33, Sch., II), tutto c'è già, o, con espressione più esatta (poiché il già implica temporalità) tutto semplicemente è. Nell'Essere o rispetto all'Essere non esiste che la sezione trasversale d'un momento di presente eterno, nel quale tutto, tutto ciò che è (fu, sarà) è concentrato. E le cose hanno dunque una doppia forma: una (essenza) per cui sono, della loro esistenza logicamente necessaria, in questo è, senza passato e futuro dell'Essere: l'altra (esistenza) per cui, proiettando, quasi a dire, successivamente la loro ombra da quel fondo dell'Essere in cui sono, si presentano come accadenti nel tempo (E. V, Prop. 29, Sch.).

In un romanzo è contenuto tutto lo svolgimento della vita di un uomo o di un gruppo d'uomini. Tu lo leggi. Questa vita ti si dispiega dinanzi a poco a poco, successivamente; ad ogni frase tu non sai come andrà a finire. Pure essa è (già) interamente contenuta nelle pagine stampate del libro, come un tutto contemporaneo, intemporale, in un momento o presente unico. C'era prima che tu la leggessi. Ci sarà dopo che l'avrai letta e dimenticata. Rispetto al suo venirti davanti, al suo venire nell'esistenza davanti a te, ciò è il suo essere «sub specie aeternitatis» (E. V, Prop. 30 Dem.) – Ovvero: sulla pellicola cinematografica è (già) contenuta una serie di eventi; questa è (già) nella sua temporale totalità, nel suo presente unico senza passato e futuro; ma, in una successione, in un presente, passato e futuro, quegli eventi che sono (già), ti si svolgeranno dinanzi durante la rappresentazione. – Del pari, adunque: ecco un condannato a morte; la sentenza è pronunciata; si eseguirà fra cinque ore; l'esistenza, avente una necessità logica, del fatto c'è già; non aspetta che quelle cinque ore per presentarsi. E, se in questo caso, non si rilutta ad ammetterlo, perché, essendoci la sentenza, sappiamo l'avvenire, sappiamo che il fatto accadrà, che avverrà necessariamente ciò che c'è già, lo stesso si deve ammettere riguardo al fatto che tu sia forse tra cinque ore travolto da un automobile. Sebbene né tu né nessuno ora lo sappia, il fatto, nella sua necessità ed esistenza logica, c'è già, e aspetta quelle cinque ore per presentarsi. Esso è (già), è dell'è intemporale, senza passato e futuro, nell'«ordo causarum», o, come Spinoza ama dire, in Dio. – L'avvenimento futuro (scrive Maeterlink) «attend, invisible, aveugle, indifférent, parfait, inaltérable, mais encore en puissance. Il existe tout entier, mais seulement dans l'avenir; et pour nous... il est encore comme s'il n'était pas». Ma «si déjà la catastrophe n'avait eu lieu dans l'avenir», essa non si produrrebbe. «Ce qui n'est pas encore par rapport à nous doit forcément exister déjà et se manifester quelque part... En soi il est à peu près certain qu'il n'est qu'un immense Présent, éternel, immobile, où tout ce qui a eu lieu et tout ce qui aura lieu a immuablement lieu, sans que demain, excepté dans l'ésprit éphèmere des hommes, se distingue d'hier ou d'aujourd'hui». (Le Temple enseveli, pp. 260, 286, 287). – Questo è, esattamente, il pensiero di Spinoza.

E da ciò si capisce che cosa Spinoza intenda quando dice che in Dio c'è l'idea della sua essenza e di quanto da questa consegue (E. II Prop. 3), e che in questa idea di Dio tutte le cose sono contenute (ib. Prop. 8). Non si tratta già dell'esistenza di una persona Dio che abbia nella sua coscienza l'idea di tutte le cose. Bensì «idea Dei», «comprehendi in Dei infinita idea», aver per causa di Dio (ib. Prop. 9) ha il medesimo significato di quando si dice che nell'idea del cerchio sono contenuti tutti i teoremi che si riferiscono al cerchio (ib. Prop. 8 Sch.), che l'idea o la natura logica del cerchio è la causa di tutti questi teoremi. Non che Dio, ossia la Sostanza o l'Essere, possegga, più del cerchio, un'idea soggettivamente cosciente di sé e di ciò che da sé deriva. «Idea Dei» significa semplicemente essenza e natura logica e necessaria dell'Essere, quell'essenza e natura, quell'eterno «ordo causarum» in cui tutti i fatti singoli, tutte le essenze singole reali sono contenute, in cui sono dell'esistenza logica presente intemporale senza passato e futuro. «In idea Dei» significa semplicemente c'è, è; vale a dire:

che le singole cose siano «in idea Dei» significa che sono di tale esistenza logica intemporale, nell'«immense Présent, éternel, immobile» di cui parla Maeterlink; significa (se si vuol concedersi una determinazione cronologica) che sono precontenute nell'Essere, precontenute nella situazione di fatto universale, nell'insieme delle cause; e che da tale esistenza logica intemporale o da tale loro predisegnazione nel fondo dell'Essere scaturiranno necessariamente ad opera della catena della causalità universale per presentarsi nell'esistenza temporale, avendo parallele ad esse, in uno o in un altro centro di rappresentazione o di coscienza presente nella natura naturata, le idee che vi corrispondono.

E da ciò anche si scorge (oltre che dal fatto che Dio per Spinoza ha due significati: uno natura naturans o Sostanza, l'altro natura naturans e naturata insieme, il Tutto; – Tr. Br. II, cap. 24 § 3), quale altro aspetto possa offrire l'intellectus absolute infinitus. Poiché nella realtà non v'è tempo, l'intellectus absolute infinitus non può cronologicamente distinguersi dalla cogitatio. Al pari di questa, esso – cioè l'insieme di tutti i pensieri che effettivamente nella natura naturata sono esistiti, esistono o esisteranno – è in quell'eterno presente senza passato e avvenire; è di quella necessaria intemporale esistenza logica in cui solo consiste l'eternità (E. I, Def. 8 e Expl.). Questa è la ragione per cui Spinoza può dire che l'intelletto infinito («oneyndelyk verstand»), che chiamiamo figlio di Dio, è da tutta l'eternità nella natura (Tr. Br. II, c. 22, n. 1). E perciò esso intelletto infinito può venire anche considerato come intelletto o pensiero (effettivo) dell'Essere o Dio; «a Dio non può essere attribuito alcun modo («wyze») di pensare, al di fuori di quelli che sono nelle creature» (ib. c. 24 § 2). Allora la idea Dei si identifica con l'intellectus absolute infinitus così ravvisato, cioè con l'insieme di tutte le rappresentazioni e pensieri che effettivamente furono, sono e saranno. Cioè, (poiché nella totalità di esse rappresentazioni e pensieri tutto l'Essere trova rispecchiamento) con essi ed in essi è l'Essere che acquista l'idea di se medesimo, che rappresenta e pensa la totalità di se stesso. In modo incontrovertibilmente chiaro dice Spinoza che «Dei aeternum et infinitum intellectum» non è altro che tutte le nostre menti insieme (E. V., Prop. 40, Sch.).

Ma se per Spinoza nella realtà dell'Essere il tempo non c'è, non c'è nemmeno storia, non c'è evoluzione, l'una e l'altra sono illusioni. La «facies totius universi quamvis infinitis modis variet, manet tamen semper eadem» (Ep. 64 e 63), le sue parti «infinitis modis variant, absque totius Individui mutatione» (E. II, Lem. 7, Sch.).

Già la considerazione empirica del reale ci incammina verso questo profondissimo pensiero di Spinoza. L'evoluzione, la storia ci sembra che esista solo perché consideriamo un relativamente breve nello spazio e nel tempo tratto del reale: il tratto, p. es., che dalla nebulosa primitiva, attraverso allo sbocciare dei mondi del sistema solare, del formarsi della vita, dell'uomo, delle società umane, conduce a noi. Ma se, come ammonisce Spinoza (ib.), «in infinitum pergamus» se abbracciamo col pensiero veramente il Tutto, vediamo che la cosa ci si presenta diversamente. La forza (per esprimerci naturalisticamente) generatrice dell'universo o posta alla radice di questo, è sempre stata all'opera. Tutto, in questo infinito di tempo, è stato già fatto, disfatto e rifatto; e dire infinito di tempo è come dire nessun tempo, tutto immobile, tutto che, eternamente, fuori del tempo, c'è. Se allarghiamo lo sguardo al vero Tutto scorgiamo che qui un sistema solare si forma, là uno si dissolve; qui in un pianeta balena e poi procede la vita, là un altro si irrigidisce, e la vita in esso si spegne; la storia umana corre sui medesimi binari e dall'antichissimo Oriente ad oggi riproduce sempre i medesimi fatti: imperi che sanguinosamente si costituiscono e sanguinosamente vanno in rovina, altri che si costruiscono sui loro ruderi per essere alla loro volta dissolti, le stesse forme di governo che qua e là con ritmo alternato cacciano successivamente l'una o l'altra di nido, l'uomo che sempre compie le medesime funzioni, coltiva, edifica, combatte, ama, da rozzo, rurale, diventa cittadino, colto, e da cittadino e colto, per una od altra forma di «barbarie ricorsa», ancora rozzo e rurale. Storia che, del resto, va a finire, con l'estinzione del pianeta, in quel nulla donde era uscita; mentre altrove, forse, in un altro pianeta, una vita e una storia di viventi comincia e si svolge in pieno rigoglio.

Non hai tu forse visto, in ogni giorno della tua vita fin dove arriva il tuo ricordo, sempre presente la gioventù e la vecchiaia, la nascita e la morte? La gioventù non passa mai; tu la rivedi la stessa ogni anno. Non passa mai la vecchiaia; la ritrovi nelle vie o nei salotti continuamente la stessa. C'è forse un sol giorno o una sola notte.

Quae non audierit mixtos vagitibus aegris

Ploratus mortis comites et funeris atri?

(Lucr., II, 579).

Il nascere e il perire, il fiorire e lo sfiorire, la sofferenza e la gioia, il successo e la rovina, la guerra e la pace, le democrazie e le tirannidi, il formarsi e il dissolversi d'imperi, sono sempre allo stesso modo presenti in ogni punto del tempo dell'universo considerato come totalità, in quell'ogni punto che è adunque sempre lo stesso punto. Ci sono sempre i fatti, tali fatti, indipendentemente dal loro essere passati, presenti o futuri. Visto nel suo infinito insieme tutto sta, il moto è solo circolare, ritornante, agitazione sempre racchiusa nel medesimo cerchio, «statio instabilis», «manens cursus» secondo le efficaci espressioni del Petrarca (De Reb. fam. VIII, 8), o, secondo quello del Graf (Saluto al mare), «inesorabil sorte che mutando non muta»; moto che può presentare un aspetto diverso, ma realmente è sempre sur place, come quello dei frammenti di vetro tra le lenti del caleidoscopio: «absque totius Individui mutatione». Ossia non c'è storia produttrice del nuovo, evoluzione creatrice, «élan vital», ma stasi, esserci, essere. Questo movimento eterno, visto nel suo complesso, è la stessa cosa dell'immobilità assoluta. Tale il significato del pensiero spinoziano che tutto è (già), come conseguenza eterna dell'eterna causa, è di quell'eternità intemporale di cui sono, senza passato e futuro, i teoremi che derivano dalla natura del triangolo.

La concezione più piena della casualità è che questa in ogni istante è la totalità delle azioni e reazioni reciproche presenti nell'universo. Dunque la «facies totius universi» non può che rimanere sempre la stessa. In un tratto o parte dell'universo, sì, può penetrare del nuovo, ma del nuovo che non è nuovo, perché (come causa) c'era già altrove. Ciò che si presenta di apparentemente nuovo qui (come effetto), si presenta ora qui perché c'era prima là (come causa), a quella guisa che in un piatto della bilancia si produce il fatto nuovo del suo innalzarsi perché ci sono (già) i pesi sull'altro piatto, o a quella guisa che l'acqua eseguisce il fatto nuovo di salire in un vaso comunicante perché c'è (già) dell'acqua nell'altro vaso. L'universo è un tutto unitario in cui la menoma modificazione di un punto si ripercuote in un altro, ha per effetto una modificazione in ogni altro punto. Ma l'origine di quella modificazione può forse venire dal di fuori del Tutto? Dunque c'è già nel suo seno. Ossia non si tratta che di un giuoco di azioni e reazioni già in corso, esistente e presente nel Tutto, le quali si alternano in un cerchio rientrante in sé. E la casualità è ad ogni momento, non già un rapporto di causaeffetto avulso da questa universale e unitaria catena, ma la totalità e l'equilibrio labile di tutte le azioni e reazioni reciproche che ci sono già nel mondo e che proseguono eternamente a ripercuotersi e a riflettersi dall'una all'altra. Il nuovo che irrompe in un punto appare nuovo solo a chi non sa o non può scorgere che in un altro punto c'è già; che l'effetto nuovo non è se non la causa stessa, che c'era, manifestantesi in apparenza diversa. Non è insomma evidente a colpo d'occhio che è un assurdo pensare che nel vero Tutto ci possa essere qualcosa che non ci sia già, qualcosa che dal di fuori del Tutto possa un bel momento entrare nel Tutto?

Così dalla concezione che causa = «ratio», che l'Essere è come una figura geometrica da cui i singoli eventi discendono, o in cui sono d'un presente intemporale, come da o in un triangolo, anche se non ancora dedotti, i teoremi che vi si riferiscono, scaturisce questa sublime visuale spinoziana del Tutto immobile nel suo intemporalmente eterno getto di cose, di eventi, di vite. È la visuale antica dell'«eterno ritorno». È la visuale di tutti i grandi spiriti. E quella di Empedocle:

Fanciulli! breve volo hanno i loro pensieri,

Essi credono che possa nascere ciò che prima non era...

(fr. 11; Bignone)

È quella di Lucrezio:

Eadem sunt omnia semper... Eadem tamen omnia restant

Omnia si pergas vivendo vincere saecla.

(III, 945)

È quella di Seneca: «Mundus eundem habitum ac modum servat» (Ep. 79 § 8). È quella di Tacito: «Rebus cunctis inest quidam velut orbis» (Ann. III, 55). È quella di Marco Aurelio: «Il mondo va eternalmente sempre ad un modo, ravvolgendosi come in un cerchio» (II, 14, e v. anche VI, 37; VII, 19; IX, 14; X, 27). È quella dell'Ecclesiaste: «Quello che è stato è lo stesso che sarà; quello che è stato fatto è lo stesso che si farà». «Ciò che è stato era già prima, e ciò che ha da essere è già stato» (I, 9; III, 15). È quella di Carducci (Canto di Marzo):

Ciò che fu torna e tornerà nei secoli.

È quella di Graf (Tutto? Niente):

Fitta a un immobile perno

Gira mai sempre la ruota:

E scorri e trottola e rota:

Ciò che fu sarà in eterno.

Infine, poiché nel fondo dell'Essere (in Dio) non c'è né volontà né intelletto, dal punto di vista dell'Essere, del Tutto (di Dio), non ci sono né fini né valori: né bello né brutto, né imperfezione né perfezione, né male né bene (E. I App.). Come il caldo e il freddo (ib.) così il bello e il brutto (Ep. 54) sono tali non rispetto all'Essere totale, ma relativamente ad una parte o punto dell'Essere, cioè ad un determinato singolo che pretende giudicare l'Essere dal suo punto di vista: «adeo ut res, in se spectatae, vel ad Deum relatae, nec pulchrae nec deformes sint». Lo stesso si dica della perfezione o dell'imperfezione, dell'ordine o del disordine. La stanza è in disordine: i divani sono al posto della tavola, le sedie rovesciate, i vetri rotti. Ciò è disordine per noi, per il nostro occhio, per le nostre abitudini e comodità. Per un ragno od un topo sarebbe perfetto ordine. Per la stanza (l'Essere), che non è né uomo, né ragno, né topo, quel qualunque modo di giacere degli oggetti è ordine, o meglio tout court, è. In questo è, si fonde il concetto di ordine. Qualunque situazione o combinazione dei suoi elementi l'universo presenti, anche quella che fosse per noi la più gigantesca catastrofe, p. es. lo sfasciamento del sistema solare, poiché in essa situazione l'universo esiste, essa è, per l'universo, ordine. Come scrive l'Ardigò (Opp. II, 262), in consonanza qui con Spinoza, «se manca un ordine, subito ne è pronto un altro. E, se anche questo è accidentalmente impedito, un altro ancora. Essendo infiniti gli ordini possibili, un qualcheduno ce ne sarà sempre, se anche gli accidenti, che impediscono, siano infiniti». Infiniti gli ordini; il che è come dire che qualunque situazione dell'universo è ordine, ossia che l'ordine non è che l'essere delle cose come sono, qualunque esso sia. Dal punto di vista dell'Essere, qualunque essere delle cose, appunto perché è essere, perché sussiste, perché sta, perché c'è, è ordine. Meglio (perché «ordine» è valore, valutazione, giudizio relativo che una parte dell'Essere dà circa questo rispetto a sé): dal punto di vista dell'Essere totale non c'è ordine, ma solo essere.

Se si guarda la realtà in modo assolutamente obbiettivo, riuscendo a porci a guardarla dal suo stesso centro, guardandola non con gli occhi nostri (o del topo o del ragno), ma con quelli stessi della realtà totale se essa ne possedesse, non v'è né bene né male, né perfezione né imperfezione, bene e perfezione essendo la realtà com'è, o meglio essendo qualifiche superflue di fronte alla realtà com'è. Tutto ciò che è, è bene e perfetto, se così si vuol dire: la perfezione è l'essere (II, Def. 6; Ep. 36). Ma ciò va inteso nel senso: tutto è come è, né è ammissibile sovrapporre e contrapporre a questo essere delle cose come sono la valutazione dell'uno o dell'altro singolo (del ragno, del topo – e, identicamente, dell'uomo) che le vorrebbe forse diverse e quindi le giudica cattive. Valutazione soggettiva e meschinamente fallace. Come può infatti il parere d'un impercettibile parte dell'Essere (d'un ragno, d'un topo – o d'un uomo) essere superiore e più attendibile della realtà com'è, dell'Essere totale che ha prodotto le cose come sono? Bello sarebbe davvero il mondo se fosse fatto secondo le fantasie e i sogni di ciascuno di noi! (Ep. 54). Quale criterio obbiettivo di giudizio vi può essere al di fuori di quello del come le cose sono state effettivamente prodotte dall'Essere, della natura data da questo alle cose da esso prodotte, alle cose del pari tutte sue?

Una tigre sbrana un agnello o anche un bambino. Ciò è male per l'agnello o per noi. Ma il fatto corrisponde alla natura della tigre, è il suo bene, dal momento che l'Essere l'ha fatta di natura tale da dover nutrirsi di carne ancora calda e di sangue. Per l'Essere, che è ad un tempo tigre, agnello e bambini, ciò è un fatto che è e non può non essere, e in questo è si esaurisce e si dissolve ogni valutazione dell'uno o dell'altro singolo ente. Sono tutti fatti del pari, davanti ai quali non c'è nulla da dire, da obbiettare, da indignarsi, da prescrivere. Un uomo nasce cieco (Ep. 31). Per lui, che si raffronta con quella che egli si è costrutta in mente come la natura generale dell'uomo, cioè con le doti della maggior parte degli uomini, la cecità è un'imperfezione e una disgrazia. Ma tale suo giudizio obbiettivamente (dal punto di vista dell'Essere) è assurdo, perché la sua natura, quella che l'Essere gli ha dato, è quella tale sua particolare (priva di vista); assurdo, quindi, come quello d'un uomo che si sentisse imperfetto e infelice perché non ha le ali. Per l'Essere che gli ha dato quella tal particolare natura, per l'Essere che erutta nel suo presente eterno un torrente incommensurabile di cose e di vite d'ogni specie, che può farne di gigantesche e di menome, d'effimere e di durature, di veggenti e di prive di vista, esplicando appunto in questa varietà la sua infinita possanza, il cieco non è un'imperfezione maggiore di quel che sia la pietra che l'Essere forma pure senz'occhi. Disgrazie, rovine, malattie, mutilazioni possono colpirti. Se tu sai porti dal punto di vista, non tuo, ma dell'Essere, vedi che ciò non nuoce nulla, non offusca nulla, non diminuisce nulla. Se tu ti ammali e declini, la salute e la gioventù continuano ad esserci. Se vai in rovina la prosperità continua ad esserci. Nessuna tua (per te, relativamente a te) imperfezione macchia la faccia dell'Essere, dove si compensa ad usura. Nulla essa toglie alla rutilante gloria di produzione con cui l'Essere getta fuori cose e vite di proprietà le più diverse. Anzi, se sai immedesimarti con l'Essere totale, godere con l'Essere, godi anche della tua imperfezione, malattia, rovina e morte, ché questa pure è un'estrinsecazione, un'esperienza, un'«avventura», di quell'Essere totale che anche tu sei. – E veramente, come Spinoza, usando il paragone di S. Paolo, ama ripetere (Ep. 75, 78), tutte le cose, e noi fra esse, sono in mano dell'Essere come la creta in mano del vasaio, che, della medesima materia, fa, a suo talento vasi per ornamento e vasi per bassi servizi.

E come dunque nel fondo dell'Essere non ci sono «valori» (ché un valore non può essere se non relativo a qualcuno, e rispetto all'Essere che è tutto, questa relatività a qualcuno non può più aver luogo), così non ci sono fini. Poiché nel fondo dell'Essere non c'è intelletto né volontà, non ci può essere desiderio di checchessia, tendenza verso checchessia, moto ad una mèta, scopo, fine. Tutto c'è già, tutto è, e in quest'è si assorbe la perfezione. L'Essere non va verso nessun punto d'arrivo, non mette capo a nulla, non ha per iscopo nessun raggiungimento. Non fa che essere. La ragione dell'Essere è unicamente di esserci, di essere, di manifestare eternamente la sua infinita potenza d'essere. Non felicità o dolore, moralità o immoralità, sono scopi, positivi o negativi, dell'Essere, che «nullius finis causa existit» (IV, Praef.). La sua unica ragione (Nietzsche, nonostante la scarsa simpatia per Spinoza, enunciò la stessa idea di lui) è di dir di sì all'esistenza.

Questo è pieno irrazionalismo. La realtà è despiritualizzata. Non c'è una ragione (perché questa è solo in una piccolissima parte della realtà, in noi) che raffronti la realtà e sulla quale questa si modelli o debba modellarsi. Non esiste una ragione, un tipo o modulo ragione, precedente ai fatti e a cui questi si debbano uniformare per giustificarsi (razionalmente) e a cui si possa e debba a tal fine dimostrare che si conformano. Non esiste che l'Essere, le cose, ed esse hanno in sé, per il semplice fatto di essere, la loro ragione: ossia l'unica loro ragione è il loro essere. Cioè, la ragione, come per sé stante, indipendentemente dai fatti, superiore ai fatti, giudicatrice legittima dei fatti, è scomparsa di fronte al fatto, all'Essere, è ridotta al fatto. La spiegazione delle cose, il loro perché o motivo, è semplicemente il loro essere. Non c'è un dover essere che fronteggi e domini l'essere; ma il dover essere si risolve interamente nell'essere, nell'essere delle cose come sono. Dire che l'universo è razionale significa dedurlo dalla ragione, o mostrarlo conforme a questa. Per Spinoza, esso non si può chiamare assurdo (questa è una valutazione umana) ma nemmeno razionale (anche questa lo è). Esso è interamente al di là di tali categorie. È semplicemente. La dottrina di Spinoza costituisce dunque uno sforzo potente per assoggettare la ragione alle cose, all'Essere com'è, anziché assoggettare o far dipendere le cose dalla ragione o spirito: proprio il contrario di Kant e dell'idealismo. Non vi è una ragione sopra le cose, le cose non sorgono da una ragione, ma da una cieca Sostanza senza intelletto, né volontà, né fini; questa negazione della teleologia è radicale negazione del deismo e insieme del razionalismo. Dire con Schopenhauer che il mondo è originato dalla volontà, ma questa è cieca, non agisce per fini come la nostra, vuole per volere, cioè senza scopo fuori di sé, e dire con Spinoza, da lui tanto avversato, che la natura naturante non ha volontà né intelletto, è la stessa cosa; anche qui il punto essenziale è l'operare del Tutto senza fini, ciecamente, l'esserci perché c'è, l'aver ragione di essere la nonragione di esserci (sì perché sì). E come l'irrazionalista Schopenhauer così l'irrazionalista Leopardi illustra Spinoza. «Di tanto adoprar, di tanti moti, d'ogni celeste, ogni terrena cosa girando senza posa (questa è l'evoluzione, lo sviluppo, il processo, la storia) per tornar sempre là donde son mosse (la faccia dell'universo, benché varii in infiniti modi, rimane sempre la stessa e senza che l'insieme si muti) uso alcuno, alcun frutto (non ci sono fini, scopi, valori) indovinar non so» (Canto notturno d'un pastore). «Le cose non sono quali sono, se non perché elle son tali. Ragione preesistente, o dell'esistenza o del suo modo, ragione anteriore e indipendente dall'essere e dal modo di essere delle cose, questa ragione non v'è, né si può immaginare» (Pensieri ecc., III, 265). – E perciò uno dei più profondi spinozisti odierni, il Gebhardt, potè giustamente parlare d'una «letztliche Überrationalität des Seins» presso Spinoza.

Di questo Essere l'uomo è parte, piccola parte. Egli è parte della natura (IV, Prop. 4 e 57 Sch.; App. c. IV; T. P., c. II § 5), anzi «particula» (ib. 8), e solo per un'illusione antropomorfica si può credere che egli formi un regno a sé, superiore o esteriore al resto della natura (E. III, Praef.). Come ogni altra cosa, egli è un tutto unico che possiede i due aspetti della corporeità e della psichicità (E. II, Prop. 31, Sch.), e ciò che noi chiamiamo in lui mente, anima, spirito ha la sua origine e la ragione dei suoi cambiamenti nel corpo (Tr. Br. II, App. II § 3), non è che l'anima del corpo (ib. § 15), l'avvertimento di sé che accompagna il suo corpo (E. II, prop. 13), col quale lo spirito si trova sempre in un rapporto così stretto, che è pressoché di dipendenza. Quanto più infatti il corpo è complesso e organato tanto più la mente è atta a più ampie percezioni (E. II, Prop. 13, Sch. e 14; IV Prop., 38 Dem.); i «mentis decreta» non sono che «appetitus» e dipendono dalla «varia corporis dispositione» (III, Prop. 2. Sch.); la possibilità di dominare le passioni deriva dall'avere il corpo (il sistema nervoso) in buon ordine (V. Prop. 29 Dem.), ossia, in sostanza, la morale si fonda sulla fisiologia.

L'avvertimento che il corpo ha di sé, ossia l'idea corporis, questa e nient'altro è la mente; e l'autocoscienza, l'idea mentis o idea ideae (II Prop. 31, Sch.) non è alla sua volta altro che l'avvertimento o coscienza di sé che ha quell'avvertimento, e ancora l'avvertimento o coscienza di sé che ha questo avvertimento dell'avvertimento che il corpo ha di sé, e così via all'infinito. A tale autocoscienza di primo grado corrisponde una conoscenza mutila e confusa. Noi non conosciamo esattamente in essa né il nostro corpo, perché lo avvertiamo solo sotto l'azione che esercitano su esso altri corpi, non in modo puro dunque, ma confuso con l'azione di questi; né i corpi esterni perché li percepiamo solo mediante le nostre sensazioni che sono soggettive (E. II, Prop. 16 e seg. 26). È dunque la conoscenza meramente sensibile, a fondamento della quale cioè sta l'oggetto preso senza analisi come la sensazione ce lo dà, anzi senza che nemmeno sia riflessivamente distinto dalla stessa nostra sensazione. Le idee che sorgono su questa base e formano tale conoscenza di primo grado (da Spinoza denominata imaginatio od opinio) sono quelle che, con vocabolo accuratamente scelto, a preferenza di «false» od «erronee», egli chiama «inadeguate». Esse non contengono infatti, la «falsità» come qualcosa di positivo. Sono solo frammentariamente e parzialmente vere; e la loro falsità sta solo in questa parzialità e frammentarietà (II Prop. 35), nell'essere tenute presenti nel loro isolamento. Se venissero completate, viste nella concatenazione e nell'insieme di tutte le altre idee, diventerebbero vere. Perché tutte le idee sono vere «quatenus ad Deum referuntur» (II Prop. 33); e ciò significa semplicemente: in quanto sono collocate e considerate nella totalità, nell'insieme; significa cioè: all'Essere (Dio) corrisponde la possibilità che esso sia conosciuto; se anche non effettivamente conosciuto, è (idealmente) conoscibile; ossia: c'è (se anche in nessuna mente unitaria) la verità dell'Essere, l'Essere è, e com'è può essere conosciuto. – A queste idee inadeguate appartengono le idee generali o i concetti, che sono mutili e confusi perché nascono dall'impossibilità di tener presenti tutti i particolari differenti, p. es. dei singoli cani, e dal confondere quindi tutti questi in un vago contorno comune (Prop. 40, Sch. I). I concetti non hanno quindi nessuna esistenza e validità e Spinoza è rigorosamente nominalista; non esiste la «lapideitas», ma solo le «lapides» (II Prop. 48, Sch.), non l'«albedo», ma solo le cose bianche (Ep. 2), non la volontà ma le singole volizioni (II Prop. 49 e Cor. e Dem.), non l'umanità, la natura umana in generale, ma i singoli uomini (Ep. 2).

Se però c'è qualche elemento in cui tutte le cose convengano, che sia la loro comune natura, che sia tutto in tutte, tutto in ogni parte di esse, per modo che l'idea di una parte sia già l'idea del tutto, la mente potrà conoscere questo elemento non in modo mutilo e confuso, ma pieno e adeguato. Perché il fatto che il nostro corpo sia percepito solo in quanto modificato dall'azione di corpi esterni, e questi solo in quanto modificati dall'azione dei nostri organi del senso, non può alterare la perfetta conoscenza d'un elemento che sia comune a tutte le cose, al nostro corpo e ai corpi esterni, e tutto del pari in quello ed in questi. La nostra mente lo afferrerà, non come mente di questo corpo, ma con la medesima esattezza e verità come se essa fosse la stessa mente dell'Essere (II Prop. 38 Dem.), ossia come ragion pura, o, secondo Spinoza esattamente precorrendo quell'espressione kantiana, come pura mens (D. I. E. p. 34 T. T. P. c. IV), come purus intellectus (Ep. 37). Tali elementi vi sono (E. II, Prop.,

38 Cor.): l'estensione e il moto e la quiete, comuni a tutti i corpi (II, Lemma 2), l'Essere comune ad ogni cosa (II Prop. 45). Di questi dunque possiamo avere idee adeguate. Ciò si riduce quindi in sostanza al conoscere i corpi non come nostre sensazioni e indistinti da queste, ma come oggetti esistenti spazialmente indipendenti da noi, alla capacità di costrurre dalle sensazioni l'oggetto (qualcosa di simile alla sintesi dell'apprensione, riproduzione e ricognizione kantiana). Questo soltanto è ciò che è comune a tutti gli uomini («notiones communes»); questo solo è l'intelletto uguale in tutti (II Prop. 18, Sch.); questo solo ciò che forma indispensabilmente parte dell'essenza mentale dell'uomo (I Prop. 17 Sch.). Su questi «fundamenta rationis» (II, Prop. 45, Cor. II, Dem.) la mente poi può procedere a costrurre quelli che Kant chiamerà i «principi dell'intelletto» o i «principi della scienza naturale pura» e tutta la nostra conoscenza scientifica. La nostra scienza, p. es. la fisica, immediatamente non ha davanti che sensazioni. Ma con il raffronto, la misurazione, gli stromenti, gli esperimenti, riesce ad eliminare il substrato soggettivo e a stabilire principi la cui validità, per usare le parole di Kant (Prol. § 19) «non si limita al soggetto e al suo stato del momento», ma regge invece per la realtà indipendente da noi. Tale conoscenza è detta da Spinoza ratio. L'insieme delle idee che la compongono formano (in senso stretto) l'intellectus infinitus.

Sulla base di queste idee adeguate, infine, la mente può elevarsi alla visuale complessiva del Tutto come in sé conchiuso (o «idea» kantiana del mondo, del «cosmo»), concatenato in sé nel suo presente eterno dalla legge di causalità identificata col rapporto di premessa conseguenza, e contemplare l'Essere come causa immanente di tutte le cose, l'ordine delle cose come conseguenza necessaria ed eterna della sua natura, le essenze individuali come derivanti o meglio essenti nel presente eterno dell'Essere; contemplare le cose, che nella loro singola esistenza nascono e scompaiono, non come fenomeno temporale nella loro durata determinata dalla casualità transitiva, ma come forme eterne, sub specie aeternitatis. – È questa la conoscenza di terzo grado o scientia intuitiva (II, Prop. 40, Sch. 2).

Si badi. Non è già che, come in Kant inteso idealisticamente, queste idee adeguate siano soltanto forme della mente, la quale le impone all'Essere, che viene dunque a ridursi allo spirito. Extensio e cogitatio sono attributi dell'Essere. Quelle idee quindi sono forme della mente perché sono forme del reale. Le forme della mente sono uguali alle forme del reale, ma non perché la mente le dia al reale bensì perché la mente e la realtà (questa indipendentemente da quella) le hanno in comune. Anzi, perché la realtà le dà alla mente. Causa delle nostre idee e del loro ordine è l'essentia obiectiva (= pensata, trapassata nel pensiero) dell'Essere realmente esistente che è insieme causa di tutte le cose (D. I. E. p. 36); le nostre idee si formano solo perché la nostra mente contiene in sé obiective (= sotto forma di rappresentazione) la natura di Dio, ossia dell'Essere (T. T. P. c. I); l'idea conviene necessariamente col suo oggetto («ideato»), ossia a ciò che si contiene obiective nell'intelletto corrisponde ciò che c'è in natura (E. I, Prop. 30 Dem.). Non è il caso di rigettare come incompatibile con le dottrine dell'Etica la decisiva empiriocriticista affermazione del Trattato Breve: «non siamo noi che affermiamo o neghiamo alcunché d'una cosa, ma è la cosa stessa che in noi afferma o nega alcunché di sé medesima» (II, c. 16 § 5). – Spinoza è realista.

Alla conoscenza di secondo e terzo grado corrisponde uno stadio di autocoscienza superiore al primo descritto. È l'autocoscienza della verità, la certezza che la verità, (le idee adeguate) ha di sé. «Verum index sui et falsi» (Ep. 76). «Veritas norma sui et falsi» (E. II, Prop. 43, Sch.). «Veritas se ipsam patefacit» (D. I. E. p. 17, 18). Ciò non ostante, è ben lontano Spinoza dall'essere, come si ripete, un dogmatico razionalista assoluto. Egli riconosce che la natura non si racchiude nelle leggi dell'umana ragione, ma in infinite altre (T. T. P. c. 16 e T. P. c. II § 8); riconosce che le leggi della natura sono stabilite da un «ordine universo» di essa «nobis incognito» (T. T. P. ib.), cioè non è spiegabile, non sappiamo, perché vi siano queste leggi della natura invece di altre; che noi non solo non possiamo conoscere tutti gli attributi dell'Essere, ma nemmeno la maggior parte (Ep. 56); che «non nisi mutilate» si può conoscere la connessione totale dell'Essere (Ep. 30); che noi conosciamo bensì in generale che l'universo è in sé concatenato e sottoposto a leggi uniformi, ma non possiamo sapere in particolare come una parte dell'universo si concateni e agisca causalmente sull'altra, e quindi quali azioni causali da altre parti dell'universo operino su quella in cui ci troviamo, perché a tal uopo bisognerebbe conoscere tutto l'universo, il che è impossibile (Ep. 32); che nel fatto gli uomini giudicano «pro dispositione cerebri» donde le divergenze di pensiero che danno necessariamente origine allo scetticismo (E. I App.). Egli parla, come Huet, dell'«imbecillitas» mentale umana (D. I. E. p. 8, 36), che ci rende impossibile conoscere sufficientemente la natura (Ep. 35), e lamenta che il nostro intelletto sia «nimis parvus» (Ep. 21). La verità è dunque che per Spinoza la conoscenza certa è questa, che le cose sono concatenate e inserite nella totalità; ma tale totalità noi non la conosciamo; dunque nulla possiamo perfettamente e pienamente conoscere. Ci basta però una conoscenza parziale dell'Essere (Tr. Br. II cap. 22 § 2), per aver nozione di due dei suoi attributi, extensio e cogitatio, e delle loro leggi somme: cioè che le cose sono estese nello spazio e sottostanno alle leggi della meccanica razionale, che sono rappresentabili al pensiero secondo le leggi di questo e dell'associazione delle idee. Vale a dire: si conosce con certezza solo la cornice genericissima in cui l'Essere vive e opera, solo (come per Kant) le leggi su cui si fonda una natura in generale, la «Gesetzmässigkeit der Erscheinungen in Raum und Zeit» (Kr. d. r. V., p. 165). Conosciamo necessariamente le generali forme esistenziali dell'Essere, gli attributi e i modi infiniti, la cui negazione è impensabile; e questo è ciò che Spinoza intende quando dice che la mente ha la cognizione adeguata dell'eterna e infinita essenza di Dio (E. II Prop. 47). Tutto il resto, non è suscettibile di conoscenza a priori e apodittica, perché non c'è che l'esperienza che lo possa far conoscere (Ep. 10), l'uso dei sensi e gli esperimenti, che sono indispensabili per la conoscenza delle cose singole (D. I. E. p. 37), la quale è alla sua volta indispensabile per quella dell'Essere totale (V, Prop. 24). E questo è empirismo; il quale si conferma con l'interpretazione rigorosamente meccanica che Spinoza dà della natura (E. I, Ax., Lem., Post.); empirismo che in lui doveva formare il logico e necessario parallelo del suo nominalismo. – Ossia, come è stato giustamente osservato, la dottrina di Spinoza, anziché fondare la pretesa dell'esistenza della verità assoluta, è invece un richiamo a guardarsi da tale pretesa; essa limita, al pari di Spencer, la verità assoluta a ciò di cui il contrario è inconcepibile (Pollock).

Infine bisogna avvertire che per Spinoza l'idea non è l'impressione sensibile, corporea. È il correlato, nella sfera della cogitatio, che, stante l'inscindibilità dei due attributi, si presenta parallelo ad ogni fatto o modificazione che c'è nella sfera dell'extensio. Se io percepisco una cosa non è esatto dire che ciò avviene perché questa agisce meccanicamente sul mio spirito. È impossibile che un modo dell'estensione agisca su un modo del pensiero. Agisce sul cervello; e lo stato di questo che ne consegue e che è un modo dell'estensione, è insieme uno stato di coscienza, un modo del pensiero, un'idea, che sorge inseparabilmente parallela a quello, perché corpo e spirito sono l'istessa cosa concepita o sotto l'attributo dell'estensione o sotto quello del pensiero (E. III, Prop. 2, Sch.; II, Prop. 7 Sch.). L'idea quindi è un prodotto che si genera autoctono nella sfera della cogitatio; non una meccanica impressione sensibile, «quid mutum instar picturae in tabula» ma «modum cogitandi, nempe ipsum intelligere» (II, Prop. 43 Sch.), non immagine che si forma nell'occhio o nel cervello, ma «cogitationis conceptum» (ib. Prop. 48 Sch.), «modus cogitandi», «mentis conceptum» (ib. Prop. 49 Sch.), cioè appunto generazione autoctona nell'ambito dell'attributo della cogitatio. In altre parole: il pensiero, i pensieri non sono immagini passive che i fatti esteriori improntino sulla nostra mente, ma generazioni originali spontanee e vive di essa, visuali sue che nascono in essa. Ossia: mediante o di fronte alle percezioni sensibili, per attività propria spontanea l'intelletto costruisce l'idea (come nella sintesi della ricognizione di Kant costruisce dalle sensazioni il concetto individuale di una cosa); la sensazione da sé non è conoscenza, non ci dà conoscenza (come non la dà agli animali); occorre che la sensazione sia interpretata dal pensiero, fatta da questo diventare oggetto, verità oggettiva. Perciò la conoscenza vera sorge dallo sviluppo logico dell'idea in sé, dalla corrispondenza del pensiero con se stesso. Quando si parte da un pensiero sicuramente evidente e se ne trae una concatenazione di pensieri passo passo sicuramente evidenti, si è certi che ai pensieri o alle idee, così formate, corrispondono realtà esterne. Ciò (ancora una volta) presuppone che la mente possegga forme o principi che sono quelli della realtà. Il pensiero ha forme che sono anche forme del reale esterno, non già perché quello le abbia date a questo, ma perché date a questo e a quello dalla «forza», dal principio attivo, che fa esistere l'uno e l'altro, dal principio dell'Essere che è comune ad entrambi.

Solo così può accadere che il pensiero, generandosi da sé, in modo autonomo, nella sua sfera, senza influenza diretta da parte di ciò che c'è nella sfera dell'estensione, pure possa pensare o cogliere alcune verità circa ciò che in tale seconda sfera ha luogo. – È questa la dottrina delle categorie kantiane, se interpretata realisticamente.

Quindi, stante tale parallelismo dei due attributi, l'ordine e connessione delle cose è identico all'ordine e connessione delle idee (E. II. P. 7). Ciò non solo in senso psicofisico, nel senso cioè che ad ogni modificazione del sistema nervoso corrisponde uno stato psichico, che le modificazioni nervose si concatenano meccanicamente tra loro, e, parallelamente, si concatenano meccanicamente fra loro gli stati psichici, le idee, cosicché l'uomo è un «automa spirituale» (D. I. E. p. 32); ma altresì in senso teoreticoconoscitivo e metafisico, nel senso cioè che, data l'animazione universale della natura, ad ogni realtà materiale è di fronte l'avvertimento di essa, tutto l'Essere trova il suo rispecchiamento in rappresentazioni che (sebbene senza raccogliersi in una coscienza unitaria, ma essendo invece disseminati in innumerevoli coscienze) nella loro totalità lo riflettono interamente; nel senso che esiste «in natura potentiam infinitam cogitandi, quae quatenus infinita, continet in se obiective (= sotto forma di rappresentazione) totam naturam» (Ep. 32). Da un lato, insomma, l'esistenza spaziale, materiale, della realtà; dall'altro lato, l'attività rappresentativa (e, più strettamente, l'insieme delle idee adeguate, l'«intellectus infinitus») che, se si considerano raccolti ad unità tutti i centri in cui essa si manifesta, perciò nel Tutto (in Dio), abbraccia interamente quella e pienamente vi si adegua. Parallelismo psicofisico quindi, non già ristretto ai rapporti tra spirito e corpo, ma che si estende alla relazione generale tra pensiero ed Essere.

Leibniz, adunque, ha preso tutto da Spinoza, tutto banalizzando. Ha preso il parallelismo dei due attributi dell'Essere e dell'ordine delle idee con l'ordine delle cose, e ne ha fatto l'armonia prestabilita da un Dio personale. Ha preso l'animazione universale della natura, ma per la compresenza universale dei due attributi, e l'ha mutilata nella teoria incoerente e contraddittoria che l'universo è interamente costituito di monadi soltanto percipienti. Ha preso il concetto che l'idea è generazione autoctona della mente e pure coglie le fattezze del reale, e ne ha fatto la monade che, senza finestre, nella sua costituzione intima rispecchia l'universo. Ha preso il pensiero profondo della perfezione e del bene ridotti all'essere delle cose come sono e in questo sommersi e cancellati, e l'ha tradotto nella sua dottrina da Candide del «migliore dei mondi possibili».

Corre una perfetta analogia tra la vita conoscitiva e la vita affettiva.

Anche in quest'ultima, anzitutto, l'uomo è un «automa spirituale». Gli stati affettivi, che si concatenano meccanicamente tra loro secondo leggi inflessibili (E. P. III), che, come ogni altra cosa dell'universo, non possono essere ed agire diversamente da quel che sono ed agiscono, e che quindi non devono suscitare né sdegno, né satira, né precettistica, ma essere studiati così impassibilmente come se si trattasse di figure geometriche (ib. Praef.), determinano infrangibilmente l'operare umano. L'occhio di Spinoza fermo senza veli sulla realtà non indulge ai bei sentimenti, più di quello di Larochefoucauld. Non esiste che un solo sentimento fondamentale: l'egoismo, l'amor di sé, l'istinto o conato di conservarsi, la volontà di vivere. Questo, l'unico tronco da cui rampollano tutti i nostri stati affettivi, in prima linea la gioia e la tristezza, e a fondamento di queste il desiderio sotto l'azione di ciò che favorisce o insidia la nostra conservazione, esse stesse elemento di incremento o rallentamento di questa; poi l'odio e l'amore per l'oggetto che ci cagiona tristezza o gioia, cioè incremento o diminuzione del nostro essere, il timore o la speranza se questo oggetto non è presente, e così via. Noi siamo in totale balia di questi stati affettivi. Anzi, è dir poco. Noi siamo essi. La nostra essenza (e l'essenza d'ogni cosa), come di continuo dice Spinoza, dando così alla sua dottrina un'impronta nettamente e schopenhaueriamente volontaristica, è conatus, appetitus, cupiditas (III, Prop. 7, 9, Sch., 54, Dem., 56 Dem., 57 Dem.; Affec. Def. I e Expl.). L'io non è che il giuoco e il conflitto degli stati affettivi. Non c'è un io fuori e indipendente da essi, imparziale tra essi e ad essi superiore che li diriga, o guidi, o domini; e solo avviene che una passione domina un'altra passione. L'idea della libertà d'indifferenza resta anche qui completamente esclusa e tutta la nostra vita affettiva si svolge con la stessa invincibile necessità logica d'una serie di teoremi matematici.

Quindi non esiste libertà del volere (E. II, Prop. 48). Come nel Tutto così nella vita umana impera la più rigida determinazione. O meglio, a quella guisa che il bene e la perfezione si esauriscono nell'essere delle cose quali sono, così la libertà si esaurisce e si fonde nella necessità, libertà e necessità, tanto nell'Essere totale quanto nell'uomo, sono una cosa sola: l'agire secondo le leggi della propria natura. Vivere, amare, godere; forse che non lo vuoi, per tua libera volontà, forse che non senti in ciò di fare quel che vuoi? Eppure a quei fatti sei necessariamente determinato (Ep. 56). Non dici forse liberamente che i tre angoli di un triangolo sono uguali a due retti? Ma non lo dici necessariamente? Forse che ciò che vedi necessario dire non lo vuoi anche liberamente dire? (Ep. 31). Non esiste dunque che una «libera necessità» (Ep. 58); ognuno fa quel che è portato a fare e in ciò è liberonecessitato, fa necessariamente la sua volontà.

Questo determinismo della volontà (la quale del resto, s'è visto, nemmeno esiste per Spinoza come facoltà generale, e non è che le singole volizioni) e nello stesso tempo questo volontarismo, si radicano sulla identificazione di volontà ed intelletto (II. Prop. 49 Cor.). Che se nello stabilire tale identificazione Spinoza dice di intendere la volontà come facoltà di affermare e negare, come atto di giudizio, e non come cupiditas (II Prop. 48 Sch.) ciò non si coordina con l'altra definizione che Spinoza dà di volontà appunto come cupiditas (III Prop. 9 Sch.), se non intendendo che per lui la stessa affermazione e negazione implichi la cupiditas. E così infatti sta la cosa. L'idea (egli dice) non è come una pittura muta su di un quadro e non va confusa con le parole, come la confondono quelli che credono di poter volere contrariamente a quanto pensano, mentre non vogliono che contrariamente a quanto dicono (II Prop. 49 Sch.). E intende: ciò che è veramente mia idea, mio pensiero, e non semplicemente parole, chiacchiere, è il mio volere stesso. L'idea è qualcosa che sorge da me nutrita e foggiata dalla mia intera natura volitiva e passionale (essentia = appetitus). La volontà è affermazione e negazione d'un'idea, appunto perché io, con tutta la mia natura fondamentale, con tutti gli elementi profondamente costitutivi del mio carattere, voglio (faccio) quell'idea vera o non vera, la affermo o la nego. L'atto di volontà è approvazione, affermazione di ciò che si vuole, e viceversa tale affermazione di qualcosa, tale dir di sì a qualcosa è l'atto di volontà; le fedi religiose, filosofiche e politiche stanno là a provarlo; donde il pensiero di Fichte (Erste Einl., ecc.) che la filosofia che si sceglie dipende dalla specie d'uomo che si è. E così vero è che conoscenza = volontà che quando ci balena ancor incerto il volere di mutare la nostra volontà (e occorre naturalmente in precedenza un barlume di conoscenza che corrisponda a tale barlume di volere) cerchiamo con letture e meditazioni di renderci chiara e ferma la conoscenza che corrisponde alla volontà che vogliamo avere: se non ci riusciamo, vuol dire che la nostra conoscenza profonda è rimasta quella di prima e letture e meditazioni non sono riuscite a scalzarla nelle sue radici. – Solo con questa interpretazione concorda il fatto che i «mentis decreta» (ossia, come Spinoza spiega, l'affermazione di sé che quella che è sul serio idea contiene, il suo dichiararsi vera, il suo voler essere vera) siano una cosa sola con gli ipsi appetitus (III, Prop. 2, Sch.); il fatto che precisamente lo «iudicare» sia dichiarato derivare «ex affectu» (III, Prop. 39, Sch.); il fatto che la volontà proprio come facoltà d'affermare o negare sia espressamente detta essere la decisione del desiderio (Tr. Br. II, c. XVI § 2). – È chiaro, insomma, che quando Spinoza definisce la volontà come facoltà d'affermare e negare nell'atto che la identifica all'intelletto, ha di mira non di escludere che essa sia anche in ciò cupiditas, ma di ribadire il determinismo, ribattendo la tesi di Descartes che pretendeva ricavare la libertà (Med. IV) dall'asserzione che la sfera della volontà sia più estesa di quella dell'intelletto e che la volontà quindi possa scegliere indipendentemente da ciò che l'intelletto detta (E. II, Prop. 49, Sch.; Ep. 2). Si trattava anzi per Spinoza appunto di stabilire contro Descartes che il giudizio (atto dell'intelletto) è tutt'uno con il proposito, la voglia, cioè cupiditas, di affermarlo e negarlo, che è la volontà. Proprio per vincere la tesi di Descartes, la volontà, come affermazione e negazione, dev'essere per Spinoza tale cupiditas.

L'identificazione spinoziana di intelletto e volontà vale dunque identificazione in senso assoluto di conoscenza con volontà intesa nel suo significato generale, cioè come anche «conatus», «appetitus»; o (per esprimerci in esatta conformità al nominalismo di Spinoza) significa che ogni singola idea è insieme e inscindibilmente volizione, è un voler essere, un esigere d'esser vera, un voler affermarsi (vera), reca in sé questo «conatus» e «cupiditas», anzi è una cosa sola con esso. Quell'identificazione significa adunque che il modo con cui si conosce e il modo con cui si vuole fanno tutt'uno.

Né a ciò contraddice il fatto che Spinoza ammette il «video meliora, deteriora sequor» (E. IV Praef.). Perché egli avverte che questo avviene solo quando «contrariis affectibus conflictamur» (III, Prop. 2, Sch.). Ossia c'è sconcordanza tra intelletto e volontà solo quando la conoscenza, e quindi la volontà, non sia certa ed oscilli, p. es. quando la prima aumenta, si sviluppa, si allarga, col che cresce il dolore (IV, Prop. 17 Sch.), cioè il dibattito, la scissione della volontà in sé, parallela alla scissione della stessa conoscenza. In tali casi si può dire che si avvera il «video meliora, ecc.», nel senso che mi balena (senza essere ancora conoscenza sicura, ferma incrollabile) come da farsi un meglio di quello che faccio, e questa conoscenza ancor balenante è, insieme, volontà pur balenante, saltuaria, non salda. Ora potrà la nuova conoscenza diventarmi precisa e stabile, o potrà il balenarmi innanzi di essa cessare e ritornarmi precisa e stabile la mia conoscenza precedente; tanto nell'uno quanto nell'altro caso, si sarà fatta anche precisa e stabile la volontà, unificandosi con l'una o con l'altra conoscenza. Ovvero potrò restare sempre nella condizione di vedermi la conoscenza del da farsi balenare dinanzi in modo diverso, scucito, contrastante: allora avverrà che, considerato il corso della mia vita, non nei suoi singoli momenti, ma nel suo insieme, si possa dire che io ho conoscenze del da farsi differenti dalle mie volontà di fare; ma in realtà anche qui ci sarà corrispondenza di conoscenza e volontà, cioè a quella conoscenza fluttuante e contraddittoria corrisponderà una volontà altrettanto contraddittoria e fluttuante. È il caso di coloro che non sono fermi né nella virtù né nel vizio, sono sempre in preda a battaglie interiori, conflitti e pentimenti, sentono il rimorso di non essere virtuosi quando sono viziosi e quello di non essere viziosi quando sono virtuosi.

Non nei singoli momenti della vita, si è detto. Perché in questi, considerati uno per uno, conoscenza e volontà sono sempre e rigorosamente identiche. Il «video meliora, deteriora sequor» si basa su di un equivoco. Nell'ubbriacone, che di mattina a mente fredda scorge (conosce) il suo vizio come deleterio, tale conoscenza è una cosa sola con la volontà «non bere!». Ma alla sera, quando egli cede al vizio, tale volontà è in lui una cosa sola con una conoscenza diventata diversa (per una volta non farà male, bisogna pure consolarsi dei dolori, non è il caso di privarsi di un piacere per una vita così breve, ecc.). L'equivoco del «video meliora», ecc. nasce dall'unire arbitrariamente la conoscenza del mattino con la volontà della sera. Ma nel puntuale momento dell'azione (e questo è ciò che intendeva Spinoza: basta riflettere all'eo tempore dell'Ep. 21, di cui sarà cenno più oltre) la conoscenza che una cosa è da farsi, ossia bene, e la volontà di farla sono fuse indissolubilmente in uno. «Fa!» e «è bene fare» sono evidentemente una cosa sola. Il fatto che si faccia è la più sicura e fondata attestazione (anche contro le parole che si dicono) che si pensa: è bene fare.

Conoscenza e volontà sono una cosa sola. Si conosce secondo si vuole e si vuole secondo si conosce. Questo il pensiero di Spinoza. È l'identità di conoscere e volere affermata da Socrate (Prot. 353 c e segg.), riaffermata da Vico (Dir. Un. § 68) e di cui Schopenhauer dà l'esatta giustificazione quando dice che la nostra vera conoscenza è la conoscenza non astratta, ma «intuitiva», quella che manifestiamo non con le parole, ma con gli atti (W. a. W. u. V., I, § 66, 68). Si tratta cioè di quella conoscenza, di quel modo di ravvisare le cose in cui si esprime la nostra indole essenziale e profonda, cioè appunto la nostra volontà, intesa non come velleità e vaga aspirazione momentanea, ma come ciò che costituisce l'intima sostanza e struttura della nostra individualità; di quella conoscenza che si estrinseca quindi in ciò che, anche contro quel che diciamo e anche involontariamente, cioè contro il nostro esplicito proposito superficiale, facciamo. Conoscenza, volontà e azione sono tutt'uno. La condotta che io prendo nel mondo, questa mia volontàazione, rivela il modo con cui io conosco, scorgo, ravviso, valuto il mondo. Se subordino, p. es., la mia dignità di coscienza al conseguimento della ricchezza, il mio onore alla acquisizione degli onori, ciò significa, checché in contrario io possa dire, cioè esprimere con conoscenza, non di vere idee, ma di parole, solis verbis (II. Prop. 49, Sch.) che conosco la ricchezza e gli onori come un bene, superiore alla dignità e libertà di coscienza. – Tale, interamente esplicato, il senso dell'identificazione spinoziana di intelletto e volontà; la quale è la negazione dell'«ateoreticità» dell'errore, incompatibile, come ben si capisce, con l'unificazione di volontàazione e conoscenza. E Spinoza anzi accentua volontaristicamente questo suo concetto così da rilevare che non già noi desideriamo alcunché perché lo giudichiamo buono, ma viceversa, definiamo buono alcunché perché lo desideriamo (II, Prop. 9 Sch.). Volontarismo che l'identificazione, già messa in luce, di essenza con «conatus», «cupiditas», cioè appunto volontà, pienamente conferma.

Ed è qui che si manifesta in pieno tutta l'intrepidità con cui Spinoza va sino in fondo del suo pensiero. Come nella realtà totale così in quella particula di essa che è la vita umana, non vi è, dal punto di vista dell'Essere, né bene né male. Ogni individuo tende a confermare e ad accrescere il proprio essere, cioè a ricercare il proprio utile, e non ha da fare che ciò; questa è la «virtù» (IV, Prop. 20). Onde raggiungere tale fine, per sommo diritto di natura (IV, Prop. 37, Sch. II) ognuno fa quel che alla sua conoscenzavolontà appare da farsi ossia bene; da farsi che egli giudica in modo incontrollabilmente sovrano, sia in base alla ragione sia in base alle passioni, e che può realizzare in qualunque modo gli piaccia, «sive vi, sive dolo, sive precibus» (T. T. P. c. XVI). E poiché in ciò agisce secondo le leggi della sua natura, non può fare altrimenti, «nec aliud potest» (ib.); non può perché nella sua natura di quel momento («eo tempore») non è possibile sia presente un desiderio migliore, più di quel che sia possibile trovarlo presente nel demonio o nella pietra (Ep. 21). Bene è dunque per ciascuno ciò che, secondo la natura di ciascuno, «uniuscuiusque» (Ep. 78, E. III, Prop. 57 Dem.), appare a lui utile e da farsi; se Spinoza non si abbandona ai vizi è perché essi «cum mea singulari natura pugnant» (Ep. 21). Ognuno fa con pieno diritto, in modo incontrollabilmente sovrano, in modo liberonecessario, cioè per sua volontà spontanea insieme e determinata, ciò che appare utile e da farsi alla sua conoscenzavolontà, alla sua idea di quel momento, la quale soltanto egli è; perché per Spinoza, essendo la mente solo l'idea del corpo, non v'è (esattamente come per Hume altro tratto di genuino empirismo) dietro le idee una mentesostanza, un io distinto da esse. Lode e biasimo, merito e peccato o delitto sono dunque, come i «fini» attribuiti alla natura, parole vane, «humana figmenta», nulla «praeter imaginandi modus», (E. I, App.). Il matricidio di Nerone non è un male (Ep. 23). Non lo è rispetto a Nerone, tanto è vero (l'argomento è elementare e irresistibile come l'uovo di Colombo) che l'ha compiuto. Non lo è rispetto all'Essere totale, perché da questo punto di vista, esso è un puro e semplice fatto, come il fatto della tigre che sbrana il bambino, fatto che, corrispondendo alla natura della tigre, è quello che è e non poteva non esserci, e che noi possiamo chiamare male solo rispetto a noi, non rispetto alla tigre od in sé. Né è del resto all'Essere (Dio) che può attribuirsi la colpa del matricidio di Nerone, perché questo deriva dal non esservi in Nerone qualchecosa che noi (giudicando da noi) presupponiamo vi dovesse essere, cioè l'amor filiale. E come può all'Essere venir attribuito il nonessere? Apparisce dunque male il matricidio di Nerone solo perché noi presupponiamo in Nerone l'esistenza di una cosa che non c'è e solo essendovi la quale il suo matricidio sarebbe stato un male (e allora, anche, non sarebbe stato compiuto) cioè l'amor filiale; o perché pensiamo con orrore (e contraddittoriamente) il matricidio compiuto da noi in cui quella cosa che in Nerone non esisteva, l'amor filiale, esiste. – Mangiare carne. In te non è male e peccato, perché non hai aperto gli occhi alla visuale che si tratta di un delitto (come non c'è in Nerone l'amor filiale): soppressione della vita, cannibalismo, omicidio. Invece in me che ho aperto gli occhi a ciò, in me, sì, è peccato: come peccato io lo sento perché in me si è manifestata questa visuale. Io se mangiassi carne urterei contro la mia coscienza, peccherei. Tu no. Io non ne mangio perché in me c'è questo giudizio, questo sentimento, questo (Ep. 21) melior appetitus. Tu ne mangi, perché questo in te non c'è. Ognuno fa (e non può non fare) quel che sente, quel che conoscevuole. E come, in questo esempio, pel mangiar carne, così per tutto il resto. Non c'è, anche qui, nulla da indignarsi, da piangere, da predicare. Non c'è altro da dire.

Davanti allo sguardo saldamente e coraggiosamente realistico di Spinoza si dissipa adunque ogni distinzione di attività utilitaria ed etica, e si rendono quindi superflui i vani artifici o le vane mere parole usate per definire la seconda rispetto alla prima. Non c'è che attività utilitaria, da ognuno praticata e diretta come sovranamente «iudicat» (IV, Prop. 19). Ognuno ha la sua «morale», quel che fa è la sua «morale», anche la condotta del criminale è la sua «morale». Come nella realtà universale la perfezione non è che l'essere delle cose quali sono, così qui la «virtus» non è che il procacciamento dell'essere, dell'utile, comunque cercato. Non c'è se non il fare, l'operare, l'azione, l'evento (che è essere = perfezione, necessità). – «unusquisque ex suo ingenio iudicat, quid bonum sit» (IV, Prop. 70, Dem.); ciascuno fa a sé a proprio libito la sua morale; non esiste morale una per tutti, assoluta. Anzi non esiste morale, cioè un «dover fare» che si distingua da ciò che piace fare e si fa, e vi incomba sopra. Lo scetticismo etico, l'amoralismo, non potrebbe essere più risoluto e pieno.

Questo guardando le cose dal punto di vista dell'Essere totale.

Ma se spostassimo ora la visuale? Se guardassimo dal punto di vista dell'uomo?

Poiché l'uomo è solo una parte del Tutto e il giudizio che egli fa dal suo punto di vista è relativo, operando questo spostamento possono ripresentarsi i concetti di bene e di male, che, come si vide, sono appunto solo relativi, nascenti precisamente dal fatto che una parte del Tutto giudica relativamente a sé.

È ovvio però che, anche ponendoci dal punto di vista dell'uomo, non potremo restaurare i concetti di bene e di male sotto un'altra condizione. Perfezione = essere, si è visto: non v'è un dover essere che si raffronti e si imponga all'essere. Finché stiamo in questa posizione, non è possibile il bene e il male neppure ponendosi dal punto di vista dell'uomo. Anche nella vita umana tutto è com'è, e non c'è altro da dire. Per poter reintrodurre quei due concetti occorre dunque fare ciò che a rigore sarebbe illegittimo ed è quindi in un certo senso arbitrario: cioè mentalmente supporre un dover essere che stia di fronte all'essere umano e in cui questo si specchi, con cui si confronti, che tenda a realizzare; uno standard of life che serva di paragone alla nostra vita effettiva, un certo ideale di vita o natura umana, in confronto del quale misurare quello che chiameremo così bene e male dell'uomo. E perché ci foggiamo questo standard, ossia perché «ideam hominis tamquam naturae humanae exemplar, quod intueamur, formare cupimus», che si possono reintrodurre quei due concetti. Bene sarà ciò che a questo standard o ideale di natura umana ci accosta; male ciò che ce ne allontana (E. IV, Praef.).

Questo standard, ideale o exemplar – si badi – non significa affatto abbandono dell'utilitarismo assoluto e introduzione dualistica accanto a questo d'un principio autonomo di «eticità». Si tratta, al contrario, d'un ideale rigorosamente utilitario, d'un ideale di vita umana che sia la più pienamente «egoistica», che si impadronisca nella più larga misura dell'Essere, in cui in maniera più fruttuosa e completa approdi lo sforzo per conservare e accrescere in sé l'Essere.

Vediamo come la cosa nei particolari proceda.

A quella guisa – seconda analogia tra la vita conoscitiva e l'affettiva – che nella prima vi sono idee le quali sorgono dall'intrusione dell'azione dei corpi esterni nel nostro per la via degli organi del senso (inadeguate) ed altre che sorgono ex pura mente, che sono prodotte interamente da noi, di cui la nostra mente è la generatrice totale e unica (adeguate), così nella vita affettiva vi sono stati che sono suscitati in noi da cose esterne a noi, altri che si generano esclusivamente dal nostro stesso fondo. Spinoza chiama i primi passioni, i secondi azioni (III, Def. 3). Di questi ultimi è dunque la stessa nostra mente causa totale, cioè adeguata; dei primi no (ib. Def. 1). È chiaro che i secondi, che chiameremo passioni attive, sono dati alla mente dalle idee generate totalmente da essa, in cui essa è attiva, cioè dalle idee adeguate; i primi, che chiameremo passioni passive, dalle idee che non sono generate da essa, che costituiscono un pati, cioè dalle idee inadeguate (ib. Prop. I). Le idee adeguate sono costituite dalla conoscenza di secondo e specialmente di terzo grado. La passione per essa è dunque una passione attiva, in cui cioè la mente è, afferma e aumenta il suo essere. E poiché la virtus non è che potentia (IV, Pro. 20), massima possibile affermazione in se stessi dell'Essere, incorporazione dell'Essere, così la passione per quella conoscenza è la specifica virtus della mente umana; ossia dell'uomo, perché «humana potentia non tam ex corporis robore, quam ex mente fortitudinis aestimanda est» (T. P. c. II § 11). Seguendo tale passione l'uomo dunque è potente, fa valere sé, cioè la sua potenza; cedendo alle altre passioni (passive) è dominato, impotente. – In altre parole: sono, e non posso che essere, utilitario, «egoista»; voglio conservare in me l'Essere, affermare in me la forza dell'Essere, abbracciare e godere di quanto più Essere mi è possibile; non potrò far questo nel modo più efficace con gli organi corporei, ma con ciò in cui consiste la forza specifica dell'uomo, cioè con la mente: quindi con le idee adeguate, con la conoscenza di secondo e specialmente di terzo grado. In quanto uomo, adunque, la mia virtus, cioè impulso utilitario a imprigionare in me l'Essere, la mia condotta «adeguata» (come si può ben chiamare), ossia «morale», è la passione per questa conoscenza: conoscenza e passione che nascono entrambe dal centro del nostro io e non dal di fuori, di cui quindi siamo noi la causa totale e unica, in cui perciò siamo attivi, siamo Essere, affermiamo in noi l'Essere.

Si può quindi dire (usando le metafore teologiche di Spinoza) che tutti, buoni e cattivi, fanno, sì, la volontà di Dio, ma il tristo non fruisce della conoscenza e dell'amore di lui, «sed necessario perit» (Ep. 78), che egli non è nella mano di Dio se non lo stromento che serve inconsciamente e consumandosi, mentre il buono serve consciamente e servendo diventa migliore (Ep. 19). – In questo senso. La pagliuzza trasportata dal vento attesta la potenza dell'Essere (Dio), non in sé, ma nel vento. La quercia che resiste e non crolla attesta la potenza dell'Essere, non tanto nel vento quanto in sé, la forza dell'Essere che è in essa maggiore che nel vento. Così l'uomo trasportato dalle passioni passive, dalle passioni nascenti dalle idee inadeguate ossia dalle cose esterne a noi, attesta la potenza spiegata dall'Essere in queste cose che lo soggiogano (IV, Prop. 5) e con tale attestazione serve all'Essere (Dio) consumandosi. Chi a quelle passioni resiste, in forza della passione attiva di abbracciare conoscitivamente l'Essere, che sorge autoctona in lui, che è lui, attesta in sé la potenza dell'Essere, la forza che egli ha, che l'Essere gli ha dato. Perciò egli solo, non chi si abbandona alle altre passioni, fruisce dell'Essere, diventa sempre più veramente Essere.

In tal guisa si riaffacciano i concetti di bene e di male. Spinoza è utilitarista rigido e assoluto. Bene per ciascuna cosa è il suo utile. Dunque, la sua «virtus», potenza, essenza è in primo luogo il «conatus in suo esse perseverare» o «sese conservandi» (E. III Prop. 6 e s.). Così per l'uomo. Bene per l'uomo è il suo Essere, il suo sé; male il suo nonessere, il suo nonsé (IV, Prop. 21 e s.). Male è per l'uomo lasciare sfuggire da sé l'Essere, cessando di essere (sé) col farsi schiavo di passioni per qualcosa che egli non è, cioè di passioni passive, per le cose esterne. Bene per l'uomo è la cupiditas per essere Sé, cioè quella sua autoctona attività ed essenza, che è la conoscenza adeguata, per fissare in sé l'Essere col farlo proprio conoscitivamente, coll'immedesimarsi conoscitivamente con esso. Nell'uomo il «conatus» per conservarsi, cioè per unirsi all'Essere, prende dunque l'aspetto di conatus o cupiditas per conoscere.

Cupiditas: perché tale deve diventare la conoscenza di secondo e terzo grado per farci agire conformemente a sé, per assorbirci in sé (IV, Prop. 14 e s.). Cupiditas che è quella che Spinoza chiama «amor Dei intellectualis» (V, Prop. 32 Cor.), cioè appunto l'ardore per penetrare e immedesimarsi conoscitivamente con l'Essere, con le sue leggi supreme; amore che non può, naturalmente, venir ricambiato (V, Prop. 19), perché nel fondo dell'Essere non v'è intelletto né volontà, né quindi stati affettivi (V, Prop. 17), onde anche l'amore con cui l'Essere (Dio) ama sé stesso è quello con cui lo ama, cioè con cui desidera di scorgerlo intimamente e farlo conoscitivamente proprio, la mente degli uomini e con cui gli uomini amano la parte a loro più vicina dell'Essere, ossia con cui si amano fra loro (V, Prop. 35, 36). Se quella cupiditas, quell'ardente passione è in noi, allora noi in modo liberonecessario, con tutta la nostra spontanea volontà e non potendo [fare] a meno di farlo, ci solleviamo e immergiamo nella meditazione delle «rerum fixarum aeternarumque» (D. I. E. p. 36), delle verità eterne o degli eterni problemi ultimi, del dramma enorme che avvolge in un'unica spirale la storia e la vita dell'uomo, l'erbe e gli insetti, le costellazioni e le vie lattee: il dramma enorme dell'Essere. Giorno, per giorno, ci sforziamo di scorgere sempre più profondamente quale significato di questo suo dramma l'Essere vuol rivelarci. Viviamo totalmente nell'intima comunità di questi pensieri superiori, sentiamo di non poter più vivere che in essi, li ravvisiamo come le cose più importanti della vita, prima in vita (E. IV, Prop. 66 Sch.); e naturalmente la nostra condotta pratica diventa quella resa spontanea dal dimorare in siffatta atmosfera mentale: la realizzazione, come sotto l'azione dell'Eros platonico, d'una vita di nobiltà e dignità, aliena da tutto ciò che è basso e volgare. – Questo si chiama vivere «ex ductu rationis» (E. IV, Prop. 24, 56 Dem.).

Siffatto amore per la vita intellettiva è liberatore. Ci libera dalle altre passioni (passive). È vero che è esso stesso una passione, e che ci libera dalle altre solo col sottoporci al suo impero. Ma poiché la vita intellettiva è posta come la nostra stessa essenza, così questo impero è l'impero di noi su di noi e perciò si può chiamare «libertà umana» (E. P. V., titolo). Per due motivi con la vita conoscitiva vinciamo le altre passioni. Anzitutto, la stessa conoscenza adeguata di queste, toglie ad esse la forza (V, Prop. 3, 6). Fatti un'idea chiara delle tue passioni, così nelle loro conseguenze dannose, come nelle loro cause (nullità delle cose che le provocano o stati corporei che le suscitano, p. es. scorgi press'a poco come Kant in Der Streit der Fakultäten, che la tua irritazione per la condotta altrui o il tuo giudizio pessimistico sul mondo, deriva dal tuo temperamento fisiologico «ipocondriaco»); rifletti alle vicende umane e al fatto dell'inevitabilità dell'universale accadere, così da imparare «utramque fortunae faciem aequo animo expectare et ferre» (II, Prop. 49, Sch.); considera le tue ambizioni o le tue vanità, la tua brama di gloria o di onori, di ricchezza e di amori, veramente dal punto di vista del Tutto; avverti con una conoscenza superiore la piccolezza di tutto ciò; e le tue passioni tu le hai superate e ne sei libero (V, Prop. 10, Sch.). – Inoltre. Una passione (come Spinoza riconosce assai più veracemente di Kant il quale suppone che l'idea del dovere debba e possa agire sulla volontà senza movente sensibile, cioè senza movente alcuno e quindi misteriosamente) non può esser vinta se non da un'altra passione (IV, Prop. 7) e perciò dall'interesse pei problemi fondamentali della vita e del mondo solo quando è diventato passione (IV, Prop. 14). Ma quando lo è diventato, l'essere la nostra anima tutta in quell'alta sfera di pensieri, basta, proprio come pensava Platone (Rep. 485 D), per farci scolorire dinanzi e render privi di interessi i desideri e le passioni materiali e per allontanarcene. Esso è la «summa cupiditas», con la quale l'uomo «reliquas omnes moderari studet» (IV, App. c. 4). Se la scienza o l'arte, la poesia o la filosofia ti infiamma, tu non puoi nemmeno pensare ai bagordi, al giuoco, alle donne, agli sport. Ed è così che, poiché si è dato il nome di virtù a tale passione per le «res aeternae», si può legittimamente dire che non già possediamo la virtù (cioè tale passione) perché abbiamo coercito le libidini, ma, viceversa è perché e quando possediamo quella che possiamo coercire queste (V, Prop. 42).

Tale passione per la vita di riflessione e di pensiero conduce anche alla concordia tra gli uomini. È essa un bene che non suscita invidie e gare, che desideriamo per gli altri come per noi (IV, Prop. 37), che anche gli altri possono avere senza che noi ne diventiamo privi (ib. Pr. 36). Perciò gli uomini per cui essa è il bene vivono concordi (IV, Prop. 35), riconoscono che nulla è loro più utile dell'uomo il quale scorge egli pure quella vita come il bene (ib. Cor. 1), cercano che tutti la ravvisino come tale, cioè vivano «ex ductu rationis», e quindi si sforzano di procurare l'esistenza di uno Stato in cui gli uomini possano tutti vivere secondo ragione pacificamente, uno Stato che, anch'esso, «ratione fundatur et dirigitur» (T. P. c. V § 17). – Può parere di primo acchito inammissibile che l'amore per la vita intellettuale, questo «egoismo» contemplativo, che (sembra) ci racchiude in noi estraniandoci dal palpito della vita vissuta, conduca all'amore pel prossimo. Se ci si riflette si vede invece che questo nasce proprio unicamente da quello. L'odio tra gli uomini sorge dal dare importanza all'«aiuola che ci fa tanto feroci». Ma se il pensiero delle «res aeternae» annienta in te questa importanza, una totale indulgenza ti occupa per le gare, le inimicizie, le rivalità intorno alle cose terrene, anche quando s'appuntano contro di te, e non ti è più possibile ricambiare l'odio con l'odio. Più: se ti sei permanentemente sollevato al pensiero delle «res aeternae», tu scorgi te e i tuoi simili, tutti del pari poveri esseri d'un giorno, muoversi insieme, durante il baleno di quest'esistenza, sotto l'alta inflessibile legge comune della vita e della morte, sotto le medesime passioni, i medesimi dolori, il medesimo destino. E per lo stesso processo di pensiero per cui Leopardi nella Ginestra dalla contemplazione dell'onnipotenza micidiale della natura («res aeterna») ricava l'esigenza della solidarietà umana, senti allora che, non già scrutare e pesare con bilancia da orafo i torti altrui, ma perdonare, dimenticare, porgere la mano soccorrevole, amare, è ciò che all'essere effimero e fragile tra gli esseri effimeri e fragili resta solo da fare.

L'amore per quella forma di vita ci dà anche la soddisfazione di noi stessi che è il bene supremo (III Aff. Def. 25; IV, Prop. 52 e Sch.; V, Prop. 27), la felicità, così come è felice un artista che crea, uno scienziato che indaga e scopre. Quale felicità maggiore per l'artista, lo scienziato, il pensatore che occuparsi della loro attività preferita? Chi è dunque animato dalla passione per la meditazione delle «Res aeternae» trova in ciò il suo appagamento e la sua pace, fuori o sopra d'ogni agitazione e lusinga mondana. Egli solo è felice. Coloro nei quali questa passione non c'è e quindi non sopraffà le passioni passive, sono necessariamente infelici, perché non possono senza infelicità né resistere a queste e rinunciarvi, né cedervi. Solo passione felicifica è tale passione attiva per la vita di pensiero. E poiché essa si è denominata la virtù, è legittimo concludere che la felicità non è il premio della virtù, ma la stessa virtù (V, Prop. 42), si realizza nell'esercizio di questa, essendo questa nient'altro che quella attività di spirito per la quale proviamo la passione maggiormente ardente. Come per Socrate e Platone, così per Spinoza, la conoscenza, la sapienza che medita sulle ragioni ultime delle cose, finisce per essere virtù insieme e bene, bene supremo, felicità.

Si può mettere l'etica spinoziana in quattro righe. Le passioni si vincono solo mediante le passioni. Dunque le passioni materiali solo mediante la passione per la vita intellettiva. Ma questa è l'uomo stesso: la sua essenza, perciò il suo bene. Quindi quella proposizione equivale a dire che nella e mediante la vita intellettiva è l'uomo che vince le passioni, dunque si fa libero, gode solo di sé, è felice; che per l'uomo, la vita intellettiva è il bene, la vita secondo le passioni (passive) il male. Così, rispetto all'uomo e dal suo punto di vista, si ripristinano i concetti di bene e di male, di cui, dal punto di vista dell'Essere totale, s'era constatata l'inesistenza.

Ma qui si avverta bene. Non riuscirà mai a coordinare in modo soddisfacente le fila del pensiero spinoziano chi non si sia reso chiaro il significato dell'«exemplar naturae humanae» che Spinoza pone

(E. IV, Praef.) come modello, o standard, su cui misurare il bene e il male umani, come ideale di natura umana o natura umana ideale; significato che domina tutta la deduzione successiva.

Il problema centrale, dalla cui soluzione esatta dipende la retta comprensione dell'Etica, è il seguente. Che sfera di validità e di applicazione ha la costruzione di questo exemplar o ideale di natura umana? Esso non può essere la natura umana in generale che esista effettivamente nella realtà, perché Spinoza tale esistenza non ammette. Si dirà forse che con esso si intende semplicemente rappresentare (sotto forma di una natura umana tipo che ci raffiguriamo soltanto nel pensiero) un ideale di moralità valevole per tutti i singoli uomini? È già immediatamente chiaro che anche per questa via si ricadrebbe nell'esistenza della natura umana in generale (se vale per tutti, tutti hanno la medesima natura). Ma la questione merita di venir sviscerata con ulteriori considerazioni.

Anzitutto occorre eliminare una presunta difficoltà.

Spinoza non ammette le idee generali; ma ammette le essenze universali. Queste non sono quelle. Quelle sono costituite dall'estratto di caratteri comuni. Queste da ciò che esprimerebbe la definizione logica della cosa (D. I. E. p. 34). Vedo parecchie tangenti. Constato che tutte toccano la curva. Estraggo questo carattere comune, e formo l'idea generale della tangente. Ma se voglio esprimere l'essenza logica universale di questa, dirò che la tangente ad una curva è la posizione limite d'una retta secante che ruota intorno ad uno dei due punti d'intersezione allorché l'altro punto tende a coincidere col primo. Poiché vi sono adunque per Spinoza essenze universali, taluno (Fullerton, Powell, e implicitamente anche Camerer) ha contestato ch'egli sia nominalista. Ma erroneamente.

Le essenze universali non sono in fondo se non i grandi due attributi dell'Essere in una determinata loro congiunzione modale. Esse vanno ricercate infatti, come espressamente dice Spinoza, nelle «fixis atque aeternis rebus» (cioè appunto nei due attributi) e nelle leggi presenti in questi secondo le quali le cose singole sono formate e ordinate (D. I. E. pp. 3637). Esaminiamo la cosa riguardo all'uomo, e all'uomo (ché questo è il suo aspetto che qui ci importa) come modo del pensiero. Quale si dovrà dire essere l'essenza universale della mente umana, di cui è chiara parola in Spinoza (E. I, Prop. 17 Sch.), cioè la speciale espressione che l'attributo della cogitatio prende in questo suo modo che è l'uomo? L'essenza universale v'è indispensabilmente in tutti i singoli individui; se questi non la possedessero non sarebbero più, o non sarebbero più individui di quella specie; essa è ciò che non esiste senza la cosa, ma senza della quale nemmeno la cosa può esistere (II Prop. X Sch.). Ciò posto, si potrà dire che essenza universale della mente umana sia la conoscenza di II e III grado? Qui sta il nodo della questione. Se lo si potesse dire, allora reggerebbe l'argomentazione: la conoscenza di II e III grado è in tutti; ma da essa sgorga il giudizio che essa, che l'attività intellettiva, è il bene dell'uomo, dunque questo giudizio (l'exemplar) è in tutti. Senonché attribuire a Spinoza il pensiero che essenza universale della mente umana sia la conoscenza di II e III grado, è impossibile. Egli avrebbe detto cosa palmarmente smentita dai fatti: perché se è essenza universale della mente umana, essa conoscenza, cioè la conoscenza scientifica, retta, vera, è in ogni uomo, e chi non la possiede non è uomo, come non è tangente quella che non possiede il carattere logico su espresso. E ciò manifestamente non è; anche l'ignaro è uomo, anche l'idiota è uomo. Egli avrebbe detto inoltre cosa in urto con le sue stesse frequenti dichiarazioni che gli uomini nella loro grande maggioranza operano non «ex ductu rationis» (cioè da individui in cui quella conoscenza esista) ma sotto la guida delle passioni. V'è una proposizione di Spinoza che illumina assai bene la questione. «Experientia satis superque docet, quod in nostra potestate non magis sit mentem sanam quam corpus sanum habere» (T. P. c. II § 6). L'illumina bene, perché suggerisce il seguente argomento. Chi nasce cieco o muto o sordo o senza braccia, non è forse un uomo? Del pari dunque lo è chi nasce con la mente ugualmente imperfetta, incapace della conoscenza di II e III grado. Che rimane? L'unica conclusione possibile, e esattamente conforme all'esplicito pensiero di Spinoza (II Pr. 38 Cor., e Lemma 2), è che l'essenza universale della mente umana, quella che fa sì che un uomo sia uomo e senza della quale non lo è, è costituita unicamente dalle notiones communes nel senso anzidetto (p. 4445), cioè dalla capacità di scorgere i corpi come parti dell'estensione ed aventi in sé l'Essere; il che vuol dire dalla capacità di percepire la realtà non come un insieme di nostre sensazioni e non riflessivamente distinta da queste, ma come costituita di oggetti per sé stanti esistenti nello spazio indipendentemente da noi e che sono (posseggono l'Essere) in modo autonomo. Questa capacità davvero è quella che fa che l'uomo sia uomo e mancando la quale si ha diritto di dire che non si è più in presenza d'un uomo. – Ora, di queste notiones communes, cioè dunque dell'essenza universale della mente, lo standard, ideale, o «exemplar naturae humanae» non fa affatto parte.

E qui abbiamo anche modo di scorgere come l'ammissione di essenze universali non intacchi il nominalismo di Spinoza. Le essenze universali non hanno una reale propria esistenza. Quel che Spinoza, riattestando così quale è il suo pensiero generale al riguardo, scrive delle nazioni (queste pure specie di essenze universali) «natura sane nationes non creat, sed individua» (T. P. c. 17), si applica esattamente alle essenze universali d'ogni genere: come per Aristotele, così per Spinoza, la natura crea solo individui e non essenze universali. Realtà propria hanno solo gli individui, le essenze singolari, le nature particolari (E. V, Prop. 22). E siccome quel che è comune a tutti non può costituire l'essenza singolare (II Prop. 37) così ciò che propriamente esiste è la specifica formazione individuale che si erige sopra ed oltre quell'elementarissimo fondo dell'essenza universale avviluppandolo in sé, improntandolo in sé, in sé trasformandolo. Ciò che insomma ha esistenza propria sono le specificazioni di quell'essenza universale, il modo con cui questa è sussunta nelle differenze specifiche dei singoli. Quando Spinoza dice (D. I. E. p. 20) che la differenza che v'è tra l'essenza di una cosa e quella d'un'altra è la stessa che c'è tra l'esistenza effettiva delle due cose, egli identifica l'essenza propriamente esistente precisamente con la differenza specifica che, presente in più oltre l'essenza universale, caratterizza l'individuo, il singolo; e quando aggiunge che concepire Adamo mediante l'essenza universale, equivarrebbe a definirlo «un ente», egli condanna la medesima genericità che vi sarebbe nel ritenere che la propria realtà dell'uomo veramente esistente consistesse nell'essenza universale della mente, nelle «notiones communes», e non nella differenza specifica che, in più, a quel fondo elementare in ciascun individuo s'aggiunge. Precisamente riguardo all'uomo, infatti, Spinoza riconosce che l'essenza della sua mente è formata oltre che dalle idee adeguate (e cioè, come Spinoza si cura di precisare, dalle «notiones communes»), dalle idee inadeguate (E. III, Prop. 3, Dem.); e che anzi l'essenza specifica, quella che fa sì che un uomo sia lui e non un altro quella che costituisce la sua personalità reale, quella che forma dunque l'unica essenza umana che abbia realtà propria, non è nemmeno la conoscenza in generale, ma la passione, la cupiditas (III, Pro. 57).

Rimane a ogni modo assodato (ciò che soltanto è rilevante per la nostra questione) che l'exemplar naturae humanae non fa parte dell'essenza universale della mente dell'uomo. Possiamo quindi considerare sgombrato il terreno da questo apparente ostacolo, e passare a mettere il problema nei suoi termini stringenti.

Il principio «ognuno per sommo diritto di natura giudica a suo talento che cosa sia bene e male» e il principio «il bene per l'uomo è l'attività spirituale», si contraddicono, se s'intende quest'ultimo come l'enunciazione del canone morale che debba valere per tutti o sia in fatto quello di tutti, come la formula della morale universale assoluta. Perché allora con quest'ultimo principio io (Spinoza) giudico per gli altri che cosa sia il loro bene, affermo che quello che dico io è o dev'essere il bene per tutti, nego agli altri ciò che ho concesso col primo principio, il sommo diritto di stabilire a loro beneplacito che cosa sia bene; e per di più suppongo l'esistenza di una natura umana in generale che invece è esclusa. Allora (intendendo il secondo principio come si disse), o si proclama l'incoerenza di Spinoza ovvero lo si mutila coll'esporlo abbandonando l'uno o l'altro di quei due principî (e gli si fa ammettere, se si mantiene solo il secondo, come generalmente si preferisce, l'esistenza di una natura umana in generale, da lui negata). Ma resta una terza via, che è evidentemente la giusta, perché la sola che spieghi tutti i pensieri del filosofo in piena coerenza fra loro. Ed è quella di respingere l'interpretazione anzidetta del secondo principio. È quella, cioè, di riconoscere (come dunque è forza di fare) che Spinoza conduce il primo principio a confluire nel secondo, che enuncia questo soltanto in indissolubile relazione col primo e quasi diremmo in funzione di esso; ossia che considera il principio «il bene per l'uomo è l'attività spirituale» come il giudizio che, usando anch'egli del sommo diritto proprio a ciascuno di determinare ex suo ingenio che cosa sia bene e male, egli emette circa il bene e il male medesimi; che lo considera come il giudizio circa il bene, pronunciato ex meo ingenio, ex meo affectu, secondo la volontàconoscenza che io (Spinoza) posseggo. Io mi dipingo in mente un mio ideale d'uomo, quello la cui essenza sia costituita dall'amore per la vita intellettiva. Non già che questo sia il tipo universale umano (tipo che non esiste) e nemmeno che io pensi, supponga od esiga che questo ideale esista, sia pure soltanto come ideale, entro le coscienze di ciascuno (sarebbe, ancora, ammettere il tipo universale umano, la natura umana in generale). Nella realtà ogni uomo ha il suo tipo: al cieco l'Essere ha dato la particolare natura del cieco, a Nerone quella di Nerone: e nella realtà non esistono che queste nature particolari. Il tipo che io ho amato o preferito raffigurarmi («formare cupimus») non è né l'ideale d'uomo presente ad ogni uomo, né quello che vi dovrebbe essere presente, né un ideale di cui si possa dire che gli uomini dovrebbero essere formati secondo esso. Il «dovrebbero» non ha senso; tutto è com'è, come all'Essere è piaciuto di fare, perfezione = realtà. È il mio tipo ideale d'uomo, quello che cupio formarmi io, quello che io formo ex meo affectu, quello che è il tipo ideale per la mia particolare natura. Ed è di questa costruzione ideale mia, la quale corrisponde alla mia natura, alle mie preferenze, alla mia passione (affectus) dominante, che io faccio il modello alla cui stregua giudicare del bene e male dell'uomo, cioè del bene e del male dell'uomo per me, cioè del mio bene e male. – Non già bene dell'uomo, nel senso di «tutti gli uomini» o di natura umana in generale, che non esiste affatto, è il bene di Spinoza; ma bene del modello o exemplar di natura umana secondo questo è da lui idealmente costruito, bene dell'uomo secondo il tipo ideale che egli se ne forma, bene di quel che è l'uomo ideale secondo lui, il che vuol dire bene secondo lui e per lui. L'exemplar di natura umana della quale l'essenza, la cupiditas e quindi il bene sia la vita intellettiva, è dunque una costruzione particolare di Spinoza e degli spiriti affini al suo; e il tipo ideale di natura umana per loro; vale per loro. Ecco quale è la sfera di validità e di applicazione di quell'exemplar. Su tale «esemplare» così inteso è fondata l'etica di Spinoza. Essa è dunque di significato e portata nettamente personale, soggettiva. Ossia (se così si vuole esprimersi) l'«exemplar naturae humanae» è puramente una «finzione euristica», la funzione euristica che dell'uomo si fanno Spinoza e quelli che sentono come lui. E tutta la sua etica è un semplice «come se». È l'etica per l'uomo come se la sua essenza fosse la passione per la vita intellettiva.

L'etica di Spinoza, dunque, non è etica per la natura umana universale, che non c'è; ma è etica formata per se stesse da poche singole nature umane particolarmente eccellenti, le quali si tracciano e si tengono innanzi come modello un ideale d'uomo foggiato dalle stesse loro nobili nature; ed è, nel medesimo tempo la messa in valore dei motivi che suffragano la visuale del bene propria di queste nature, l'eccellenza del tipo ideale di natura umana che esse concepiscono. Quindi è etica assolutamente antiprecettistica. Dare precetti sarebbe vano, perché tutto è assolutamente determinato. Essa dice soltanto come in linea di fatto opera colui che accetta tale tipo come l'exemplar di natura umana, colui che ha quella visuale del bene, colui nel quale la cupiditas per la vita spirituale è diventata la passione dominante. – E si badi. Tutto ciò non è critica od aggiunta. Fa parte essenziale del pensiero di Spinoza, dal momento che per lui natura umana universale non esiste e dal momento che ognuno ha il diritto sovrano e insopprimibile di decidere a suo beneplacito che cosa sia bene e male. Neppure in questo stadio della sua dottrina Spinoza abbandona il principio scettico che non c'è morale una per tutti, assoluta.

In altre parole, Spinoza dice: la via spirituale è liberatrice e felicifica, è la forma superiore di vita, la somma beatitudine: ma bisogna sentirne il pregio e l'incanto; lo è per chi li sente. Giusto è quindi il ragionamento: la conoscenza di secondo e terzo grado è adeguata, ossia certamente vera; il giudizio che essa conoscenza sia il bene, lo dà essa medesima; dunque questo giudizio è necessariamente vero (E. IV Prop. 35 Dem.) e chi segue le passioni passive è privo di lume (ib. Prop. 66 Sch.). Giusto è il ragionamento. La vita spirituale è veramente ed assolutamente il bene supremo. Ma il ragionamento non va inteso nel senso che essa possa o debba essere riconosciuta o valutata come bene supremo da tutti, che tutti possano o debbano confessare che essa sia il bene supremo, che essa lo sia per tutti. Le due cose sono diverse. So con certezza che la mia visuale del bene è la vera e la più alta; e so con altrettanta certezza che essa non può valere per tutti. Sono forse le due affermazioni incompatibili? Ora, queste sono appunto le due affermazioni che Spinoza congiunge. Solo così viene in luce la piena coerenza del pensiero di lui, da tutti gli interpreti o negata o raggiunta solo al prezzo di sopprimere il primo degli anzidetti principî entrambi suoi. Anzi, la grandezza del genio di Spinoza si rivela proprio anche da ciò: dall'aver saputo (forse unico tra i filosofi) tener aperti gli occhi ad entrambe le due verità apparentemente inconciliabili e congiungerle coerentemente insieme: da un lato, quella dello scetticismo etico, dell'inesistenza di una morale unica per tutti; dall'altro, quella che la vita spirituale è il bene supremo e che la morale su di essa fondata è la morale superiore. – Prendiamo la vita d'un angelo e quella d'un rospo. L'angelo sarebbe sicuro, o un giudice che le penetrasse entrambe constaterebbe con certezza, che la prima è superiore e più felice. Ma non per questo essa sarebbe tale per il rospo. Non per questo il rospo avrebbe la possibilità o il dovere di riconoscerla tale. Il rospo anzi sarebbe infelice se si mettesse a fare la vita dell'angelo, e questa sarebbe dunque male per lui. Perciò l'uomo che affronta la povertà e il sacrificio per vivere una vita di spirito e di rettitudine deve dire a colui che non pensa se non a scalare con qualsiasi sistema gli alberi di cuccagna, o colui che spinozianamente rinuncia a tutto per la sua libertà di coscienza (Ep. 48) a colui che la vende per trenta danari: essendo come sei, tu fai bene a fare quel che fai; data la tua natura, questo che fai è la tua «virtù». Colui, dice Spinoza, che senta chiaramente d'esser felice compiendo male azioni invece che seguendo la virtù, sarebbe pazzo se non le commettesse, perché esse per lui sarebbero virtù; quantunque, data la costruzione d'una natura umana ideale avente per essenza l'amore per la vita spiriuale, si possa aggiungere che tale ipotesi è altrettanto assurda quanto quella che un uomo preferisca impiccarsi a star seduto a mensa (Ep. 33).

Tutti, insomma, facciamo solamente quel che ci piace e ci appaga. Fa ciò che lo appaga tanto colui che persegue unicamente piaceri grossolani, o che subordina le sue convinzioni ai successi e alla ricchezza, quanto colui che per la fedeltà al suo ideale etico o per la libertà di pensiero o di culto, affronta persecuzioni o muore nell'anfiteatro o sul rogo. In fondo, non c'è demerito da un lato né merito dall'altro. Ognuno agisce secondo la propria natura. Ma la questione è che cosa ci appaghi. E questo è ciò che rivela che cosa il nostro sé sia, quale sia la sua natura. Quel modo di agire qualifica questa natura, la natura che uno ha; determina se la sua natura si immedesima con cose che hanno solo un'ombra di Essere, e vanno perciò annientate e disperse, o con principî eterni, identificandosi coi quali l'uomo, perituro com'è, e anche vinto ed ucciso, diventa immortale, perché vede in essi immortalato il suo stesso Sé.

Infatti, ed infine, la passione per la vita spirituale ci assicura una sorta di immortalità (V Prop. 23). – Puoi tu pensare di essere immortale nel senso che ogni parte del tuo io lo sia? Che restino immortali le tue piccinerie, i tuoi sentimenti meschini, la tua passione p. es. per il vino, per le carte, per la sigaretta, per i buoni bocconi, le tue invidie, le tue competizioni, le tue ambizioni provinciali? Certo che no. E se questa è tutta la vita d'un uomo, tutto il suo io, di che cosa vi può essere immortalità? Ciò che di te, se mai, puoi pensare che perduri, è quello che ne sia veramente degno, che incarni cioè una duratura espressione dell'Essere. Sprofóndati nella tua coscienza, guarda che cosa c'è in essa di veramente degno di possedere l'Essere, non nell'apparenza, rispetto al mondo e nemmeno rispetto alla tua stessa «sofistica naturale», che ti fa spesso passare per grande e nobile ciò che è aspirazione grettamente egoistica; ma guarda se c'è in essa alcunché che di fronte al più segreto e genuino suo tribunale possa essere riconosciuto veramente degno d'un tal duraturo possesso dell'Essere. Quello, se mai, che tu abbia, così, riconosciuto tale, sarà ciò che ha veramente l'Essere, ciò che resterà immortale. Quanta parte del tuo io è ciò? È molta? Resterai per gran parte immortale. È poca? Lo sarai in piccola parte. È niente? Ti estinguerai totalmente. Gli elementi meschini del tuo io non meritano di restare. Saranno – scorie e impurità – bruciati e consunti del tutto (per usare espressioni teologiche) nella Geenna, nell'inferno. Se tu non sei fatto che di quegli elementi, tutto il tuo io, tutto te, vi sarà consumato e annientato.

Se tu, invece, sei fatto, almeno in parte, di pensieri per le «res aeternae» di pensieri eterni, allora, siccome questi sono eterni, perdurerai tu pure nella misura con cui ti sei identificato con essi. – Un matematico, uno scienziato, un filosofo, un artista inebbriati del loro pensiero scientifico, speculativo, estetico, che non vivono che per e nei loro calcoli, indagini e scoperte, speculazioni, creazioni, la cui vita è tutta queste, ai cui occhi ogni altro interesse scompare, sono quei calcoli, scoperte, speculazioni, creazioni, il loro vero essere è queste, e quindi il loro vero essere perdura eterno come i principî scientifici o filosofici o le immagini estetiche con cui si sono identificati. Eternità non del tuo io, ma del pensiero eterno (ed eternamente cosciente nel suo trapassare in altre menti ed essere da queste ripensato) con cui ti sei identificato. Eternità di ciò che forma l'essenza della mente e che tu hai fatto diventare tua propria essenza. Se tu scorgi l'anima di tutta una folla traversata da un brivido unico alle note di Verdi o Beethoven non avverti forse che ciò in cui costoro veramente vissero, in cui essi sentirono consistere veramente il loro io, le armonie da essi create, perdura immortale, e immortale coscientemente, cioè rivivendo sempre di nuovo nella coscienza di chi ode? Non già dunque, del pari, che tu sia eterno in quanto perduri eterna la parte di te che è una con quei pensieri e perduri essa in possesso di questi; ma questi solo perdurano, e, se tu sei stato essi, sei immortale solo perché ed in quanto essi lo sono.

Se tu vivi per te, muori in un attimo (lo spazio della tua vita). Se vuoi vivere, devi vivere in ciò che perdura anche dopo di te, negli altri e per gli altri, e infine nella vita universale, nelle verità o pensieri eterni che la formano e la reggono, nel Tutto; sentir tua propria la vita che scorre nel Tutto. «Dimitte omnia transitoria, quaere aeterna», come dice l'Imitazione di Cristo (III, I, 2), che è pretto spinozismo, soltanto deformato in devozione rugiadosa. Devi spezzare la membrana della tua individualità separata e fonderti con la vita degli altri, con la vita universale. Se spezzando quella membrana ti sei identificato con un alto pensiero, con una grande idea, con una nobile causa ed anche con un atto di dedizione e d'amore, ti sei identificato con un fatto intemporalmente eterno come una verità matematica. – È la posizione definitiva a cui, attraverso la tragedia spirituale segnata nelle pagine del diario, delle lettere e degli scritti religiosi, pervenne Tolstoi. «Tutto l'insegnamento di Gesù consiste nella concreta comprensione, da parte di quelli che lo seguono, della natura d'ombra che possiede la vita individuale, del bisogno di rinunciarvi e di trasferirla nella vita universale dell'umanità. (What J believe, ed. ingl. Cercoff, p. 136). «Ciò che ci appare come il movimento della nostra vita personale è la forma che la nostra vita prende quando ci collochiamo in senso trasversale alla vita di Dio. Ma quando ci collochiamo nella stessa direzione per cui passa questa vita, rimanendo stazionari, l'illusione della vita personale scompare e diventiamo consci che siamo, che la nostra vita è, nient'altro che il potere di Dio. E allora sentiamo la necessità di trasferire la nostra coscienza dall'involucro esterno al potere. Ciò è difficile, ma quando la difficoltà è superata, il problema dell'immortalità e della vita futura non esistono più. Dalla coscienza della forma sono passato alla coscienza della vita stessa. Come temere che ciò che è, è stato e sarà, perisca?» (The meaning of Life, Id., p. 39). E perciò Tolstoi riconosce, oltre Kant, Spinoza come la sua guida su questa via (Religion and morality, ib. p. 30).

Tale dunque l'immortalità di Spinoza. – In linguaggio religioso: morire a se stessi per vivere in Cristo; non perché in Cristo viva tu, ma perché vive eterno Cristo con cui ti sei fuso e in cui ti sei sommerso.

La filosofia di Spinoza culmina complessivamente in un misticismo ateo. Misticismo, ma non inazione e passività. Ché anche l'uomo, benché piccola parte, è pur sempre parte dell'Essere totale e della sua vis creatrice: e anch'egli dunque contribuisce a creare. E infatti Spinoza si occupò attivamente (e anche praticamente) di politica; stette a fianco del grande Jan de Witt, che per vent'anni diresse la vita pubblica dell'Olanda; e quando questi, con suo fratello Cornelio, fu massacrato dalla plebaglia inquadrata dal principe d'Orange al fine di sottoporre il paese al suo regime monarchico, e gli assassini, ben noti, lasciati impuniti, anzi premiati, Spinoza avrebbe (se il suo padrone di casa non glielo avesse impedito) esposto la sua vita per affiggere sul luogo dell'eccidio un cartello con la scritta: «ultimi barbarorum».

Le sue idee politiche fluiscono in linea retta dalla sua filosofia generale e specialmente dalla parte etica di essa, e vi si concatenano strettamente.

Come per ogni essere, come per l'uomo, così per lo Stato vale il principio che forza o potenza e diritto sono la stessa cosa, che «tantum in naturam habet iuris, quantum potentia valet» (T. P. c. II § 4). Lo Stato, e per esso le «summae potestates» che lo incorporano, possono (hanno il diritto) di fare, tutto quello che possono (hanno la forza), non sono vincolate da nessuna legge e, quand'anche comandino le cose più assurde, tutti vi devono obbedire (T. T. P. c. 16). Il loro diritto di fare e comandare arriva fin dove arriva la loro forza, combacia interamente con questa.

Ciò viene a dire che lo Stato non può (non ha il diritto) di fare ciò che non può (non ha la forza). Esso non ha la possibilità materiale di coercire il pensiero (T. T. P. c. 20) perché non ha mezzi per penetrare nelle coscienze e nemmeno per vedere che cosa ci sia. Qui c'è dunque un primo limite al diritto dello Stato.

Ma lo Stato trae la sua forza dall'unione compatta dei cittadini e dall'unità di coscienza fra questi. Esso è veramente il Leviatano di Hobbes, l'uomo gigantesco le cui cellule sono i piccoli uomini di carne e d'ossa. Appunto perciò, se il gigante non vuol alienare da sé le sue cellule e con ciò deperire in forza e in Essere, non deve malcontentarle e trattarle a capriccio. Lo Stato è Essere, è forza, è potenza. Mina se stesso, va contro al suo proprio concetto, se ponendo contro di sé gli elementi del suo corpo diminuisce proprio il suo essere, la sua forza, la sua potenza.

Perciò, precisamente dall'equazione diritto = forza, deriva allo Stato il dovere di non comandare cose che urtino le leggi della natura umana (ib. c. 17), di ricordarsi che «animi non armis sed amore et generositate vincuntur» (E. IV App. c. 11); che «solet concordia ex metu plerumque gigni sed sine fide» (ib. c. 16); che la «civitas, cuius subditi, metu territi, arma non capiunt, potius dicenda est quod sine bello sit, quam quod pacem habeat» (T. P. c. V § 4); che, per conseguenza, «servitutis, non pacis interest, omnem potestatem ad unum transferre, nam pax non in belli privatione, sed in animorum unione sive concordia consistit» (ib. c. IV § 4). Ne deriva, insomma il dovere dello Stato di non praticare nessuna violenza; «violenta enim imperia nemo continuit diu», dice Spinoza citando Seneca (T. T. P. c. 16): e la violenza di governo consiste per lui in questo che «ibi violentissime regnatur, ubi opiniones quae uniuscuiusque iuris sunt, quo nemo cedere potest, pro crimine habentur» (ib. c. 18). La forza dello Stato è data dalla compatta unità in un solo volere dei membri che lo compongono, dal fatto che le «summae potestates» tengano in pugno, in tale compatta unità, tutta la nazione. Ma solo l'unità di coscienze volontaria, non quella coatta, possiede tale compattezza, durevolezza, potenza. Pensiero dal quale Spinoza conclude per la superiorità del governo democratico, perché è quasi impossibile che la maggioranza convenga nel comandare l'assurdo, «in uno absurdo conveniat» (ib.); quel comando dell'assurdo che è appunto ciò che infrange l'unità delle coscienze, forza dello Stato.

Me queste considerazioni conducono lo Stato ad un'ulteriore limitazione della sua azione. Esso, come si vide, coercire il pensiero non può (non ne ha la forza). Avrebbe però la forza di impedire l'espressione del pensiero. Senonché anche ciò mina il suo Essere, la sua potenza, la sua forza, perché guasta le sue cellule onde tale forza si forma. Ne verrebbe, infatti, osserva Spinoza, che gli uomini penserebbero in un modo e parlerebbero in un altro, si corromperebbe dunque la lealtà e la sincerità di convinzioni indispensabile alla salute dello Stato «et abominanda adulatio et perfidia foverentur» (ib. c. 20; E. IV. App. c. 21). All'obbligo, egli constata, di parlare come è imposto («praefinito») si rifiuterebbero di piegarsi, non già coloro che non pensano se non alla loro «arca» come dice Spinoza, o, come ora si direbbe, alla loro cassetta di sicurezza, e ad avere i «ventres distensos; sed ii quos bona educatio, morum integritas et virtus liberiores fecit» (ib.); proprio i migliori cittadini dunque verrebbero colpiti; e qual danno maggiore per lo Stato e la sua forza di quello che siano trattati da malvagi e nemici «viri honesti, quia diversa sentiunt, et simulare nesciunt?» (ib.). È insomma chiaro, secondo Spinoza, che così comportandosi lo Stato pone automaticamente contro di sé tutte le coscienze diritte e raccoglie intorno a sé tutte le coscienze fradice. È vero che queste sono in numero di gran lunga maggiore delle prime. Ma da coscienze fradice che Essere o forza può mai ricavare lo Stato? Proprio sul frontispizio del Trattato Teol. Politico sta quindi la sentenza: «libertatem philosophandi non tantum salva reipublicae pace posse concedi, sed eandem, nisi cum pace reipublicae tolli non posse». Per conseguenza, nessuno Stato saggio, cioè preoccupato della sua stessa forza e potenza, pretenderà di far sì che i cittadini «nisi ex praescripto summarum potestatum loquantur»; cosa che non può tentarsi «nisi ad modum infelici successu», perché è impossibile che tutti «aeque eadem sentiant et uno ore loquantur» e impossibile quindi «libertatem hominibus dicendi ea quae sentiunt adimere» (ib. c. 20). Quindi per Spinoza, a quella guisa che l'individuo preoccupato di intensificare il suo essere, la sua potenza, vive «ex ductu rationis»; così lo Stato saggio, cioè preoccupato appunto di conservare e arrobustire la sua forza e autorità, limita la sfera di questa alle sole poche cose indispensabili al mantenimento della convivenza sociale, ossia a impedire quelle manifestazioni di pensiero che intaccherebbero le basi di tale convivenza, o, come Spinoza si esprime, che «directo repugnant» al patto sociale; per tutto il resto lo Stato saggio concede libertà proprio per amore della propria autorità; e il fine dello Stato perciò «revera libertas est» (ib.). – Giustamente Spinoza poteva, dunque, segnare la differenza tra sé e Hobbes in ciò che, contrariamente a quest'ultimo, egli salvaguarda nella sua dottrina il diritto naturale e non attribuisce al governo maggior potere di quello che gli spetta conformemente ai rapporti reali tracciati dalla stessa natura delle cose (Ep. 50; T. T. P., Ann. 33).Così, muovendo dalla necessità di un'autorità assoluta, necessità che egli fonda sulla considerazione scettica che tutti la pensano diversamente, tutti vedono la verità in modo divergente, «unusquisque solus omnia se scire putat et omnia ex suo ingenio moderari vult» (T. T. P. c. 17), donde il rendersi indispensabile d'un'autorità che imponga la decisione, Spinoza perviene, sempre rimanendo fedele all'idea di autorità dello Stato come potenza suprema e assoluta, in cui forza e diritto si identificano, ad un coordinamento perfetto di autorità e libertà, alla determinazione cioè della misura di libertà che l'autorità deve concedere appunto per poter essere e conservarsi autorità. E a questo coordinamento spinoziano tra i due poli opposti che guidano alternativamente il pensiero e la pratica politici, anche oggi potrebbe forse essere rivolto utilmente lo sguardo.

Tutto rientra e si conchiude in sé come in un cerchio nella filosofia di Spinoza. L'autorità ritorna e si conchiude nella libertà, e la libertà nell'autorità. L'egoismo più reciso sbocca nella morale più pura, e questa si riconduce a quello. Mente e realtà s'incontrano l'una con l'altra circolando lungo un circuito unico. L'Essere, come il ciclopico getto d'una fontana immoto nel suo zampillare perenne, senza soluzione di continuità ricade in pioggia alla propria base e ad un tempo si riaderge in massiccia colonna argentea verso la sua eternamente indiminuibile sommità. L'antico simbolo del serpente in sé ritorto è il simbolo della filosofia spinoziana. Chi sa figgere saldi e chiari gli sguardi nella visione di questo mondo di Spinoza, ritrae, come Lucrezio (III 28) dalla visione del suo così affine, un sentimento di «divina voluptas atque horror» più austeramente appagante e pacificante di quel che qualsiasi religione possa dare, più inebbriante e estasiante di quel che possa dare qualsiasi grandiosamente immaginosa figurazione di poesia.